东南亚国家语言口语丛书

新 编
马来语口语

Bahasa Melayu Lisan
Edisi Baharu

（马中对照）

丛书总主编　黄天源

分册主编　赵　丹

审　　订　[马来西亚]吴尚雄（Goh Sang Seong）

马来语录音　[马来西亚]沙烈胡丁（Muhammad Sallehuddin bin Mohd Dilif）

汉语录音　黄　媛　梁　烨　王　婷

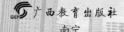 广西教育出版社

南宁

图书在版编目（CIP）数据

新编马来语口语 / 黄天源主编.--南宁：广西教育出版社，2023.9

（东南亚国家语言口语丛书）

ISBN 978-7-5435-9297-1

Ⅰ.①新… Ⅱ.①黄… Ⅲ.①马来语-口语 Ⅳ.①H631.194

中国国家版本馆 CIP 数据核字(2023)第 088525 号

组稿编辑：陈文华　朱 滔　　　　责任编辑：钟秋兰　朱 滔
特约编辑：白丹妮　苏陈林　　　　责任校对：谢桂清　陆媱澄
特约校对：梁 婧　李文惠　　　　录音剪辑与核对：浦智玲　喻锦怡
封面设计：李浩丽　　　　　　　　版式设计：杨若媛
责任技编：蒋 媛

出 版 人：石立民
出版发行：广西教育出版社
地　　址：广西南宁市鲤湾路 8 号　　邮政编码：530022
电　　话：0771-5865797
本社网址：http://www.gxeph.com
电子信箱：gxeph@vip.163.com
印　　刷：广西民族印刷包装集团有限公司
开　　本：890mm×1240mm　1/32
印　　张：6.5
字　　数：208 千字
版　　次：2023 年 9 月第 1 版
印　　次：2023 年 9 月第 1 次印刷
书　　号：ISBN 978-7-5435-9297-1
定　　价：29.00 元

如发现印装质量问题，影响阅读，请与出版社联系调换。

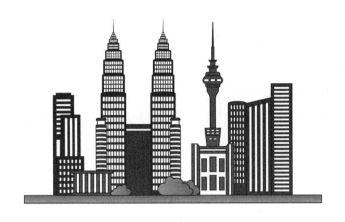

※ 前　言 ※

　　中国与东南亚国家山水相依，心手相连，与这些国家之间的经贸往来、文化交流日益频繁，不断深化，并取得喜人成果。国与国之间的往来和交流，都离不开语言的介入。为了在中国和东南亚国家之间搭建起一座座语言桥梁，我们编写了这套"东南亚国家语言口语丛书"，希望能对从事与东南亚国家经贸往来和文化交流工作的人士以及学习东南亚国家语言的读者有所帮助。

　　这套丛书选择了语言中最基本的功能表达和最常见的情景表达所需要的句型，内容丰富，涵盖面广，重点突出。这套丛书在编写方法上特色鲜明，一反传统口语书中你一问我一答的方式，采用了句型加补充词语的形式，使读者可以更换词语，变换句式，举一反三，最大限度地学习多种表达方式。此外，我们在书末还附有相关国家的概况，方便读者大概了解该国的政治、经济、文化等方面的基本情况。

　　这套丛书由广西民族大学"国家外语非通用语种本科人才培养基地"的骨干教师与北京外国语大学、四川外国语大学等高校的资深专家共同编写。他们都有相关国家留学、工作或生活的经历，语言运用熟练，教学经验丰富，同时关注语言的变化和发展。因此，这套丛书的内容紧跟时代步伐，语言新颖，贴近生活，实用性强。

这套丛书的编写得到广西民族大学东南亚语言文化学院领导、专家以及广西教育出版社领导与编辑的大力支持，谨此致以诚挚的谢意。

书中的谬误之处，恳请读者不吝赐教。

黄天源
2023年3月于南宁

Kandungan
❋目 录❋

Bahagian I　Jenis ayat penyataan berfungsi
第一部分　功能表达句型

Bahagian II　Jenis ayat situasi ragam harian
第二部分　情景表达句型

Bahagian I
Jenis ayat penyataan berfungsi

dì yī bù fen
第一部分
gōng néng biǎo dá jù xíng
功能表达句型

Bertanya khabar

wèn hòu
问 候

Tuan-tuan dan puan-puan, selamat pagi.

nǚ shì men   xiān sheng men   shàng wǔ hǎo
女士们 、先 生 们 ， 上 午 好 。

Selamat tengah hari, encik/cik.

zhōng wǔ hǎo   xiān sheng   xiǎo jiě
中 午 好 ，先 生 / 小 姐 。

Selamat petang, pak cik/mak cik.

xià wǔ hǎo   dà ye   dà niáng
下 午 好 ，大爷 / 大 娘 。

Selamat malam, tuan/puan pengarah/pengurus.

wǎn shang hǎo   zhǔ rèn   jīng lǐ
晚 上 好 ，主任 / 经 理 。

Selamat malam, cikgu.

wǎn ān   lǎo shī
晚 安 ， 老 师 。

Assalamualaikum, pak cik/mak cik.

yuàn nǐ píng ān   dà shū   dà shěn
愿 你 平 安（穆斯林间正式问候）， 大叔 / 大 婶 。

Waalaikumussalam, abang/kakak.

yě cì nǐ píng ān   dà gē   dà jiě
也 赐 你 平 安（对 Assalamualaikum 的 回答）， 大哥 / 大姐。

Tuan-tuan dan puan-puan, salam sejahtera.

nǚ shì men   xiān sheng men   dà jiā hǎo
女士们 、先 生 们 ， 大家好 ！

Salam semua.

dà jiā hǎo
大家好！（对群体，常用于非正式场合）

Salam sejahtera, doktor.

nín hǎo   dài fu
您好，大夫。

Salam sejahtera, saudari Fatimah.

nǐ hǎo   fǎ dì mǎ jiě jie   mèi mei
你好，法蒂玛姐姐／妹妹。

Salam sejahtera, saudara Ali.

nǐ hǎo   ā lǐ xiōng dì
你好，阿里兄弟。

Hai, adik.

hēi   dì di   mèi mei
嘿，弟弟／妹妹。

Apa khabar?

nǐ nín hǎo ma
你／您好吗？

Kirim salam saya kepada Fatimah.

qǐng dài wǒ xiàng fǎ dì mǎ wèn hǎo
请代我向法蒂玛问好。

Sampaikan salam saya kepada ahli keluarga tuan/puan.

qǐng dài wǒ wèn hòu nín de jiā rén
请代我问候您的家人。

Semoga dipermudah segala urusan.

zhù zhū shì shùn lì   yī qiè rú yuàn
祝诸事顺利／一切如愿！

Semoga berbahagia dan sihat walafiat.

zhù xìng fú ān kāng
祝幸福安康！

Menjawab

 回 答

Khabar baik, terima kasih.
hěn hǎo　　xiè xie
很 好 ，谢 谢！

Khabar baik, bagaimanakah dengan kamu (tuan/puan)?
hěn hǎo　　nǐ　nín　ne
很 好 ，你（您）呢？

Baik-baik sahaja, terima kasih.
hái hǎo　　xiè xie
还 好 ，谢 谢！

Penjelasan
注释：

　　一、马来人主要信仰伊斯兰教，见面时常说的问候话语是
"assalamualaikum（愿你平安）"，答复语是"waalaikumussalam（也
赐你平安）"。马来人见面时行握手礼，握手后摸一下心窝表示诚挚
问候，晚辈则会亲吻长辈的手背。另外，马来人认为左手是不洁的，
不可单独用左手与马来人接触。

　　二、在正式场合中，马来人通常不直接称呼"你"或"您"。
对上级、年长者或所敬重的人用tuan（先生）、puan（夫人、太太、
女士）、encik（先生）、cik（小姐）指代；对平辈同事、同学、普
通朋友或下级、晚辈，通常用saudara（兄弟）、saudari（姐妹）指代
或直接称呼对方姓名；有时也以敬称（如Yang Berhormat尊敬的）、
封衔（如Datuk拿督）及职业（如cikgu老师）称呼对方。

Kosa kata

datuk（1）祖父，外祖父，爷爷，外公（2）老伯，老伯伯，老爷爷

nenek（1）祖母，外祖母，奶奶，外婆（2）对一般老妇人的称呼，老婆婆，老奶奶

bapa 爸爸，父亲　　ibu 妈妈，母亲　　ibu bapa/orang tua 父母

pak cik（1）叔叔，伯伯（2）孩童对和父亲同辈男性的称呼

mak cik（1）姑母，姨母，婶母（2）孩童对和母亲同辈女性的称呼

abang（1）兄长，哥哥（2）对比自己年长男性的称呼（3）对丈夫的称呼

kakak（1）姐姐（2）对比自己年长女性的称呼

anak（1）儿子，女儿，自己的孩子（2）小孩子，儿童

cucu（1）孙子，孙女（2）外孙，外孙女

naib canselor（大学）校长　　timbalan naib canselor（大学）副校长

canselor 名誉校长　　　　dekan 院长　　　　timbalan dekan 副院长

profesor 教授　　　　profesor madya 副教授　　　doktor 博士

pengerusi lembaga pengelola 董事长

pengarah 董事，主任，局长，处长

ketua pegawai eksekutif 首席执行官，行政总裁

Melayan

jiē dài
接 待

Melayan secara tidak rasmi

fēi zhèng shì jiē dài
非 正 式 接 待

Selamat berkenalan.
jiàn dào nǐ nín hěn gāo xìng
见 到 你 / 您 很 高 兴 !

Sila masuk.
qǐng jìn
请 进 !

Kamu datang tepat pada masanya.
nǐ lái de zhèng hǎo
你 来 得 正 好 。

Jom, kita ke ruang tamu.
lái wǒ men dào kè tīng qù
来 , 我 们 到 客 厅 去 。

Sila duduk.
qǐng zuò
请 坐 !

Kamu (Tuan/Puan) mahu minum apa?
nǐ nín hē diǎn shén me
你 (您) 喝 点 什 么 ?

Jemput makan/minum.
qǐng yòng   ba
请 用 (吃 或 喝) 吧 !

Terima kasih kerana datang menjenguk.

xiè xie nǐ / nín de lái fǎng

谢 谢 你 / 您 的 来 访 。

Menjawab

 回 答

Terima kasih, saya sudah makan.

xiè xie wǒ yǐ jīng chī guo le

谢 谢 ，我 已 经 吃 过 了 。

Saya mahu teh/air mineral/kopi/teh tarik, terima kasih.

wǒ xiǎng hē chá / kuàng quán shuǐ / kā fēi / lā chá xiè xie

我 想 喝 茶 / 矿 泉 水 / 咖 啡 / 拉 茶 ，谢 谢 ！

Melayan secara rasmi

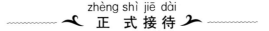

zhèng shì jiē dài

正 式 接 待

Maaf ganggu, puan ialah Cik Fatimah?

dǎ rǎo yī xià nín shì fǎ dì mǎ nǚ shì ma

打 扰 一 下 ，您 是 法 蒂 玛 女 士 吗 ？

Maaf ganggu, tuan ialah Encik Ali?

dǎ rǎo yī xià nín shì ā lǐ xiān sheng ma

打 扰 一 下 ，您 是 阿 里 先 生 吗 ？

Nama saya Li Yong, saya mewakili pihak majikan untuk menyambut tuan/
puan.

wǒ jiào lǐ yǒng wǒ dài biǎo gōng sī lái jiē nín

我 叫 李 勇 ，我 代 表 公 司 来 接 您 。

Selamat datang ke China.

huān yíng nǐ men lái zhōng guó

欢 迎 你 们 来 中 国 ！

Selamat datang.

huān yíng nín / nǐ men

欢 迎 您 / 你 们 ！

Encik Wang, pengurus syarikat meminta saya menyambut tuan/puan di lapangan terbang.

wáng xiān sheng　　jīng lǐ wěi tuō wǒ lái jī chǎng jiē nín
王 先 生 ， 经 理 委 托 我 来 机 场 接 您 。

Saya berasa gembira kerana dapat menjadi jurubahasa/pemandu pelancong kepada tuan/puan di Nanning.

nín zài nán níng dòu liú qī jiān　　wǒ hěn gāo xìng wèi nín dāng fān yì　dǎo yóu
您 在 南 宁 逗 留 期 间 ， 我 很 高 兴 为 您 当 翻 译 / 导 游 。

Adakah semuanya baik-baik belaka di sepanjang perjalanan ini?

lǚ tú shang yī qiè dōu hǎo ba
旅 途 上 一 切 都 好 吧 ？

Adakah semuanya berjalan lancar di sepanjang perjalanan ini?

lù shang yī qiè dōu shùn lì ba
路 上 一 切 都 顺 利 吧 ？

Diharapkan tuan/puan berasa gembira semasa berada di Nanning.

xī wàng nín zài nán níng dòu liú qī jiān shēng huó yú kuài
希 望 您 在 南 宁 逗 留 期 间 生 活 愉 快 。

Saya ialah jurubahasa kepada tuan/puan. Jika ada apa-apa hal, saya sedia membantu.

wǒ shì nín de fān yì　　yǒu shì qǐng zhǎo wǒ
我 是 您 的 翻 译 ， 有 事 请 找 我 。

Sila beritahu saya jika tuan/puan memerlukan bantuan saya.

nín rú guǒ xū yào wǒ de bāng zhù　　qǐng gào su wǒ
您 如 果 需 要 我 的 帮 助 ， 请 告 诉 我 。

Sila beritahu saya jika ada sebarang keperluan atau cadangan.

yǒu shén me xū qiú huò yì jiàn　　qǐng gēn wǒ shuō
有 什 么 需 求 或 意 见 ， 请 跟 我 说 。

Bagi pihak majikan, saya mengucapkan selamat datang kepada tuan-tuan dan puan-puan.

wǒ dài biǎo gōng sī　　xiàng nǐ men biǎo shì rè liè huān yíng
我 代 表 公 司 ， 向 你 们 表 示 热 烈 欢 迎 。

Kami berbesar hati untuk menjadi tuan rumah.

wǒ men hěn róng xìng néng jiē dài nǐ men

我 们 很 荣 幸 能 接 待 你 们 。

Semoga tuan-tuan dan puan-puan bergembira semasa berada di ✕.

zhù nǐ men zài　　dì dòu liú qī jiān shēng huó yú kuài

祝 你 们 在 ✕ 地 逗 留 期 间 生 活 愉 快 。

Kami amat berbesar hati atas kunjungan tuan/puan.

duì yú nín de lái fǎng　 wǒ men shēn gǎn róng xìng

对 于 您 的 来 访 ， 我 们 深 感 荣 幸 。

Syarikat kami sangat berbesar hati untuk menerima kunjungan rombongan

delegasi daripada pihak tuan/puan.

néng jiē dài guì dài biǎo tuán　　shì wǒ men gōng sī mò dà de róng xìng

能 接 待 贵 代 表 团 ， 是 我 们 公 司 莫 大 的 荣 幸 。

Kunjungan delegasi China ini atas undangan Parlimen Malaysia.

zhōng guó dài biǎo tuán shì yìng mǎ lái xī yà guó huì de yāo qǐng fǎng wèn mǎ lái

中 国 代 表 团 是 应 马 来 西 亚 国 会 的 邀 请 访 问 马 来

xī yà de

西 亚 的 。

Menjawab

Ya, saya Fatimah/Ali.

shì de　 wǒ shì fǎ dì mǎ　ā lǐ

是 的 ， 我 是 法 蒂 玛 / 阿 里 。

Terima kasih.

xiè xie

谢 谢 !

Terima kasih kerana menyambut kami di lapangan terbang.

xiè xie nín dào jī chǎng lái jiē wǒ men

谢 谢 您 到 机 场 来 接 我 们 。

Saya berasa gembira kerana tuan/puan menjadi jurubahasa/pemandu

pelancong kami.

wǒ hěn gāo xìng yóu nín lái gěi wǒ men dāng fān yì　dǎo yóu

我 很 高 兴 由 您 来 给 我 们 当 翻 译 / 导 游 。

Semuanya berjalan lancar di sepanjang perjalanan.

yī lù shang dōu hěn shùn lì
一 路 上 都 很 顺 利 。

Kami akan berjumpa dengan tuan/puan jika ada apa-apa hal.

wǒ men yǒu shén me shì huì qù zhǎo nín de
我 们 有 什 么 事 会 去 找 您 的 。

Terima kasih atas layanan mesra yang diberikan oleh pihak syarikat tuan/

puan.

xiè xie guì gōng sī duì wǒ men de rè qíng kuǎn dài
谢 谢 贵 公 司 对 我 们 的 热 情 款 待 。

Berkenalan

Bolehkah saya tahu nama tuan/puan siapa?

qǐng wèn nín zūn xìng dà míng
请 问 您 尊 姓 大 名 ？

Siapakah nama kamu?

nǐ jiào shén me míng zi
你 叫 什 么 名 字 ？

Adakah kamu mengenali Tuan/Encik Ali?

nǐ rèn shi ā lǐ xiān sheng ma
你 认 识 阿 里 先 生 吗 ？

Izinkan saya memperkenalkan Encik Ali dan isteri beliau.

qǐng yǔn xǔ wǒ jiè shào ā lǐ xiān sheng hé tā de tài tai
请 允 许 我 介 绍 阿 里 先 生 和 他 的 太 太 。

Inilah suami saya.

zhè shì wǒ de zhàng fu
这 是 我 的 丈 夫 。

Beliau seorang akauntan.

tā shì yī míng kuài jì
他 是 一 名 会 计 。

Beliau rakan sekerja saya, Tuan Ali.

tā shì wǒ de tóng shì ā lǐ xiān sheng
他 是 我 的 同 事 阿 里 先 生 。

Izinkan saya memperkenalkan Encik Ali dan isteri beliau kepada tuan/puan.

qǐng ràng wǒ xiàng nín jiè shào ā lǐ xiān sheng hé tā de tài tai
请 让 我 向 您 介 绍 阿 里 先 生 和 他 的 太 太 。

Izinkan saya memperkenalkan para perwakilan dari Rombongan Delegasi Perdagangan Guangxi China kepada tuan/puan.

qǐng ràng wǒ xiàng nín jiè shào zhōng guó guǎng xī mào yì dài biǎo tuán chéng
请 让 我 向 您 介 绍 中 国 广 西 贸 易 代 表 团 成

yuán
员 。

Izinkan saya memperkenalkan Tuan Li, Ketua Rombongan Delegasi kepada tuan/puan.

qǐng yǔn xǔ wǒ xiàng nín jiè shào dài biǎo tuán tuán zhǎng lǐ xiān sheng
请 允 许 我 向 您 介 绍 代 表 团 团 长 李 先 生 。

Dengan penuh takzimnya, diperkenalkan Tuan Yang Terutama ×× , Duta Besar Malaysia ke Republik Rakyat China.

wǒ róng xìng de xiàng zhū wèi jiè shào mǎ lái xī yà zhù zhōng huá rén mín gòng
我 荣 幸 地 向 诸 位 介 绍 马 来 西 亚 驻 中 华 人 民 共

hé guó dà shǐ gé xià
和 国 大 使 × × 阁 下 。

Dengan penuh takzimnya, diperkenalkan para perwakilan dari Rombongan Delegasi Perdagangan Guangxi China.

wǒ hěn róng xìng de xiàng dà jiā jiè shào zhōng guó guǎng xī mào yì dài biǎo tuán
我 很 荣 幸 地 向 大 家 介 绍 中 国 广 西 贸 易 代 表 团

chéng yuán
成 员 。

Tuan/Puan dipersilakan untuk memperkenalkan diri mengikut giliran tempat duduk.

qǐng gè wèi àn zuò wèi shùn xù zuò zì wǒ jiè shào
请 各 位 按 座 位 顺 序 做 自 我 介 绍 。

Izinkan saya memperkenalkan diri.

qǐng yǔn xǔ wǒ zuò zì wǒ jiè shào
请 允 许 我 做 自 我 介 绍 。

Nama saya Zhou Li. Saya bekerja sebagai juruteknik komputer di syarikat komputer.

wǒ jiào zhōu lì shì diàn nǎo jì shù yuán zài diàn nǎo gōng sī gōng zuò
我 叫 周 立 ， 是 电 脑 技 术 员 ， 在 电 脑 公 司 工 作 。

Ini kad nama saya. Nombor telefon dan alamat e-mel ada tertera pada kad.

zhè shì wǒ de míng piàn　　shàng miàn yǒu wǒ de lián xì fāng shì
这 是 我 的 名 片 ，　上 面 有 我 的 联 系 方 式 。

Selamat berjumpa.

hěn gāo xìng jiàn dào nín
很 高 兴 见 到 您 ！

Menjawab

Nama saya ××.

wǒ jiào
我 叫 × × 。

Saya kenal Tuan Ali.

wǒ rèn shi ā lǐ xiān sheng
我 认 识 阿 里 先 生 。

Kami Delegasi Kerajaan Wilayah Autonomi Zhuang Guangxi.

wǒ men shì guǎng xī zhuàng zú zì zhì qū zhèng fǔ dài biǎo tuán
我 们 是 广 西 壮 族 自 治 区 政 府 代 表 团 。

Selamat berkenalan juga.

néng rèn shi nín wǒ yě hěn gāo xìng
能 认 识 您 我 也 很 高 兴 。

Kosa kata
补 充 词 汇

guru 教师　　　　　　　　　　doktor 医生

tukang masak 厨师　　　　　　pemandu kereta 司机

petani 农民　　　　　　　　　buruh 工人

peniaga 商人　　　　　　　　　penghantar pos laju 快递员

polis 警察　　　　　　　　　　angkasawan 宇航员

jurubahasa 口译员　　　　　　penterjemah 笔译员

penyunting 编辑　　　　　　　guru besar 小学校长

pengetua sekolah menengah 中学校长

ketua jabatan 系主任　　　　　pengarah kilang 厂长

ketua pengarah 总监　　　　　pengurus besar 总经理

pengerusi 主席　　　　　　　　presiden 总统，总裁

setiausaha 书记，秘书　　　　setiausaha agung 总书记，总秘书

Perdana Menteri 首相，总理　　Timbalan Perdana Menteri 副总理

menteri 部长　　　timbalan menteri 副部长　　　　gabenor 省长

Setiausaha Jawatankuasa Provinsi ×× Parti Komunis China
××省委书记

datuk bandar 市长　　　　　　mayor daerah 县长

konsul jeneral 总领事　　　　　konsul 领事

sekolah 学校　　　　　　　　　hospital 医院

hotel 酒店　　　　　　　　　　balai polis 派出所

kilang 工厂　　　　　　　　　　kedai gunting rambut 理发店

agensi angkasa 航天局　　　　　syarikat penerbitan 出版社

Kementerian Luar Negeri 外交部　Kementerian Kewangan 财政部

Kementerian Pendidikan 教育部　Kementerian Pertahanan 国防部

Mohon diri

辞 别

Saya mohon diri.
wǒ yào zǒu le
我 要 走 了 。

Saya mahu pulang ke rumah.
wǒ yào huí jiā le
我 要 回 家 了 。

Saya minta diri.
wǒ gào cí le
我 告 辞 了 。

Kalau tiada hal lain, saya minta diri dahulu.
rú guǒ méi yǒu shén me shì   wǒ xiān zǒu le
如 果 没 有 什 么 事 ， 我 先 走 了 。

Saya pergi ke sekolah dahulu.
wǒ xiān qù xué xiào le
我 先 去 学 校 了 。

Kita berpisah di sini.
wǒ men jiù cǐ gào bié ba
我 们 就 此 告 别 吧 ！

Saya hantar tuan/puan ke stesen bas.
wǒ sòng nín dào qì chē zhàn
我 送 您 到 汽 车 站 。

Biar saya hantar kamu ke pintu.
ràng wǒ sòng nǐ dào mén kǒu
让 我 送 你 到 门 口 。

Kami mengucapkan selamat jalan kepada Delegasi Malaysia di lapangan terbang.

wǒ men dào jī chǎng wèi mǎ lái xī yà dài biǎo tuán sòng xíng
我 们 到 机 场 为 马 来 西 亚 代 表 团 送 行 。

Jumpa lagi.

zài jiàn xià cì jiàn
再 见 / 下 次 见 。

Jumpa nanti.

huí tóu jiàn
回 头 见 。

Jumpa sekejap nanti.

yī huìr jiàn
一 会 儿 见 。

Jumpa malam ini.

jīn wǎn jiàn
今 晚 见 。

Jumpa esok/hari Sabtu.

zán men míng tiān xīng qī liù jiàn
咱 们 明 天 / 星 期 六 见 。

Kita boleh berhubung melalui e-mel nanti.

jīn hòu wǒ men tōng guò diàn zǐ yóu jiàn lián xì
今 后 ，我 们 通 过 电 子 邮 件 联 系 。

Selamat jalan.

qǐng zǒu hǎo
请 走 好 。

Menjemput

yāo qǐng
邀 请

Invitation

Menghantar jemputan

fā chū yāo qǐng
发 出 邀 请

Adakah kamu berkelapangan pada hari Ahad?

xīng qī tiān nǐ yǒu kòng ma
星 期 天 你 有 空 吗？

Adakah kamu mempunyai masa lapang esok?

míng tiān nǐ yǒu shén me shì ma
明 天 你 有 什 么 事 吗？

Apakah perancangan kamu untuk menyambut Hari Pekerja?

wǔ yī jié nǐ yǒu shén me ān pái ma
五 一 节 你 有 什 么 安 排 吗？

Pengurus ingin menjemput tuan/puan ke rumah beliau untuk makan malam.

jīng lǐ xiǎng qǐng nín dào tā jiā chī wǎn fàn
经 理 想 请 您 到 他 家 吃 晚 饭。

Datuk Bandar ingin mengundang tuan/puan untuk makan malam di Hotel Antarabangsa.

shì zhǎng yào zài guó jì dà jiǔ diàn yàn qǐng nín
市 长 要 在 国 际 大 酒 店 宴 请 您。

Jemputlah ke rumah saya untuk makan tengah hari.

dào wǒ jiā lái chī wǔ fàn ba
到 我 家 来 吃 午 饭 吧！

Mahukah kamu pergi ke konsert bersama-sama dengan saya?

nǐ yuàn yì hé wǒ yī qǐ qù tīng yīn yuè huì ma

你 愿 意 和 我 一 起 去 听 音 乐 会 吗 ?

Mari kita pergi menonton filem bersama-sama.

yī qǐ qù kàn diàn yǐng ba

一 起 去 看 电 影 吧 !

Jom, bermain badminton.

zǒu yī qǐ qù dǎ yǔ máo qiú ba

走 , 一 起 去 打 羽 毛 球 吧 。

Jemput minum teh.

lái hē yī bēi chá ba

来 喝 一 杯 茶 吧 。

Menerima jemputan

jiē shòu yāo qǐng

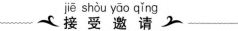

接 受 邀 请

Baik.

hǎo de

好 的 。

Saya berbesar hati menerima jemputan kamu.

wǒ hěn lè yì jiē shòu nǐ de yāo qǐng

我 很 乐 意 接 受 你 的 邀 请 !

Baiklah.

nà yě hǎo

那 也 好 。

Inilah idea yang bagus.

zhè shì gè hǎo zhǔ yi

这 是 个 好 主 意 !

Baik, saya setuju.

hǎo wǒ tóng yì

好 , 我 同 意 。

Sangat setuju.

wán quán tóng yì
完 全 同 意 !

Menolak jemputan

jù jué yāo qǐng
拒 绝 邀 请

Maaf, saya tidak ada masa lapang hari ini. Terima kasih atas jemputan.

duì bu qǐ　　wǒ jīn tiān méi yǒu kòng　 gǎn xiè nín de yāo qǐng
对 不 起 ， 我 今 天 没 有 空 。感 谢 您 的 邀 请 !

Maaf, kami tidak dapat memenuhi undangan ini.

hěn yí hàn　 wǒ men bù néng jiē shòu yāo qǐng
很 遗 憾 ， 我 们 不 能 接 受 邀 请 。

Maaf, saya masih ada urusan.

duì bu qǐ　　wǒ hái yǒu shì
对 不 起 ， 我 还 有 事 。

Terima kasih, tetapi saya tidak dapat pergi.

xiè xie　 dàn wǒ qù bù liǎo
谢 谢 ， 但 我 去 不 了 。

Saya benar-benar tidak mahu pergi.

wǒ zhēn de bù xiǎng qù
我 真 的 不 想 去 。

Bertanya

问 讯

Mohon bertanya, adakah Tuan Ali datang bekerja?
qǐng wèn ā lǐ xiān sheng lái shàng bān le ma
请 问 阿 里 先 生 来 上 班 了 吗？

Mohon bertanya, di manakah letaknya pusat pos?
qǐng wèn yóu zhèng zhōng xīn zài nǎ lǐ
请 问 邮 政 中 心 在 哪 里？

Mohon bertanya, pukul berapakah Pasar Malam Kerinchi mula beroperasi?
qǐng wèn gé líng zhī yè shì jǐ diǎn zhōng kāi mén
请 问 格 灵 芝 夜 市 几 点 钟 开 门？

Mohon bertanya, di manakah letaknya kaunter jualan kasut/pakaian?
qǐng wèn xié lèi chéng yī guì tái zài nǎ lǐ
请 问 鞋 类 / 成 衣 柜 台 在 哪 里？

Mohon bertanya, bagaimanakah hendak pergi ke pejabat Kedutaan China?
qǐng wèn qù zhōng guó dà shǐ guǎn zěn me zǒu
请 问 去 中 国 大 使 馆 怎 么 走？

Mohon bertanya, bagaimanakah hendak pergi ke Jalan Ampang?
qǐng wèn qù ān bāng lù zěn me zǒu
请 问 去 安 邦 路 怎 么 走？

Mohon bertanya, bagaimanakah hendak pergi ke stesen bas?
qǐng wèn qù qì chē zhàn zěn me zǒu
请 问 去 汽 车 站 怎 么 走？

Mohon bertanya, adakah jalan ini menuju ke Kerinchi?
qǐng wèn qù gé líng zhī shì cóng zhè lǐ zǒu ma
请 问 去 格 灵 芝 是 从 这 里 走 吗？

Jauhkah dari sini?

lí zhèr   yuǎn ma
离 这 儿 远 吗？

Di manakah letaknya stesen bas yang terdekat?

zuì jìn de yī gè qì chē zhàn zài nǎr
最 近 的 一 个 汽 车 站 在 哪 儿？

Pukul berapakah bas akan sampai?

bā shì jǐ diǎn zhōng dào dá
巴 士 几 点 钟 到 达？

Pukul berapakah kapal terbang akan mendarat?

fēi jī jǐ diǎn zhōng zhuó lù
飞 机 几 点 钟 着 陆？

Sudahkah kapal terbang mendarat?

fēi jī shì fǒu yǐ jīng zhuó lù
飞 机 是 否 已 经 着 陆？

Sudahkah bas masuk stesen?

bā shì jìn zhàn le ma
巴 士 进 站 了 吗？

Sudahkah kereta api masuk stesen?

huǒ chē dào zhàn le ma
火 车 到 站 了 吗？

Di manakah bilik air?

xǐ shǒu jiān zài nǎr
洗 手 间 在 哪 儿？

Pukul berapakah filem akan bermula?

zhè chǎng diàn yǐng jǐ diǎn kāi shǐ
这 场 电 影 几 点 开 始？

Bolehkah saya membuat panggilan telefon ke luar negara di sini?

zhè lǐ néng dǎ guó jì cháng tú diàn huà ma
这 里 能 打 国 际 长 途 电 话 吗？

Di manakah saya dapat membeli tiket bas?

nǎr   yǒu qì chē piào mài
哪 儿 有 汽 车 票 卖？

Bolehkah saya membeli kad SIM di sini?

zhèr　　yǒu diàn huà kǎ mài ma

这 儿 有 电 话 卡 卖 吗？

Menjawab

 回 答

Saya tidak tahu.

wǒ bù qīng chu

我 不 清 楚 。

Saya bukan orang tempatan.

wǒ bù shì běn dì rén

我 不 是 本 地 人 。

Saya tidak tinggal di kawasan ini.

wǒ bù zhù zài zhè ge qū

我 不 住 在 这 个 区 。

Ada bilik air di tingkat ini.

zhè céng lóu yǒu xǐ shǒu jiān

这 层 楼 有 洗 手 间 。

Berjalan mengikut jalan ini.

yán zhe zhè tiáo jiē zǒu

沿 着 这 条 街 走 。

Berjalan mengikut jalan kedua di sebelah kanan.

yán zhe yòu bian de dì èr tiáo jiē zǒu

沿 着 右 边 的 第 二 条 街 走 。

Kemudian terus berjalan.

rán hòu yī zhí zǒu

然 后 一 直 走 。

Stesen bas berdekatan dengan Pasar Kerinchi.

qì chē zhàn zài gé líng zhī shì chǎng fù jìn

汽 车 站 在 格 灵 芝 市 场 附 近 。

Pejabat pos di sebelah kanan.

yóu zhèng zhōng xīn zài yòu bian

邮 政 中 心 在 右 边 。

Sudah sampai tempat yang kamu cari.

nǐ yào zhǎo de dì fang dào le
你 要 找 的 地 方 到 了 。

Boleh sampai dengan berjalan 10 minit.

zǒu   fēn zhōng de lù jiù dào le
走 10 分 钟 的 路 就 到 了 。

5 kilometer dari sini.

lí zhè lǐ yǒu   qiān mǐ
离 这 里 有 5 千 米 。

Mengucapkan terima kasih

致 谢

Terima kasih.
xiè xie
谢谢！

Terima kasih banyak-banyak.
shí fēn gǎn xiè
十分感谢！

Terima kasih atas hadiah yang diberikan.
xiè xie nín de lǐ wù
谢谢您的礼物。

Terima kasih kerana datang melawat.
xiè xie nín de lái fǎng
谢谢您的来访。

Terima kasih atas jemputan tuan/puan.
xiè xie nín de yāo qǐng
谢谢您的邀请。

Terima kasih atas layanan yang diberikan.
xiè xie nín de kuǎn dài
谢谢您的款待。

Terima kasih atas bantuan yang diberikan.
xiè xie nín de rè xīn bāng zhù
谢谢您的热心帮助。

Saya amat berterima kasih.
wǒ fēi cháng gǎn xiè nín
我非常感谢您。

Jasa tuan/puan akan sentiasa saya kenang.

nín de ēn qíng wǒ yǒng yuǎn míng jì zài xīn zhōng
您 的 恩 情 我 永 远 铭 记 在 心 中 。

Terima kasih banyak-banyak. Budi baik tuan/puan tidak dapat saya balas.

tài gǎn xiè nín le   zhēn bù zhī dào zěn me bào dá nín cái hǎo
太 感 谢 您 了 。 真 不 知 道 怎 么 报 答 您 才 好 。

Terima kasih atas layanan mesra yang diberikan.

gǎn xiè nǐ   nǐ men de shèng qíng kuǎn dài
感 谢 你 / 你 们 的 盛 情 款 待 。

Dengan ikhlasnya, saya ingin mengucapkan terima kasih atas jemputan

tuan/puan.

duì nín de yāo qǐng   jǐn biǎo shì chéng zhì de xiè yì
对 您 的 邀 请 ， 谨 表 示 诚 挚 的 谢 意 。

Bagi pihak delegasi, saya mengucapkan terima kasih atas penganjuran

lawatan ini.

wǒ yǐ dài biǎo tuán de míng yì gǎn xiè nǐ men zǔ zhī de zhè cì cān guān
我 以 代 表 团 的 名 义 感 谢 你 们 组 织 的 这 次 参 观 。

Menjawab

 回 答

Sama-sama.

bù yòng xiè   bù kè qi   bié kè qi
不 用 谢 / 不 客 气 / 别 客 气 。

Saya sedia membantu tuan/puan.

wǒ yuàn yì wèi nín xiào láo
我 愿 意 为 您 效 劳 。

Meminta maaf dan memberi maaf

dào qiàn　　yuán liàng
道 歉 ， 原 谅

Maaf.
duì bu qǐ
对 不 起 !

Minta maaf.
qǐng yuán liàng
请 原 谅 。

Maaf, saya tidak sengaja.
duì bu qǐ　　wǒ bù shì gù yì de
对 不 起 , 我 不 是 故 意 的 。

Maaf, ganggu.
duì bu qǐ　　dǎ rǎo le
对 不 起 , 打 扰 了 。

Saya memohon maaf kerana tidak menghadiri janji temu itu.
qǐng yuán liàng wǒ méi néng fù yuē
请 原 谅 我 没 能 赴 约 。

Maafkan kecuaian saya.
qǐng yuán liàng wǒ de dà yi
请 原 谅 我 的 大 意 。

Maaf, saya terlewat.
duì bu qǐ　　wǒ chí dào le
对 不 起 , 我 迟 到 了 。

Saya meminta maaf daripada tuan/puan.
wǒ xiàng nín péi lǐ dào qiàn
我 向 您 赔 礼 道 歉 。

Maaf, kerana lama menunggu.

duì bu qǐ　　ràng nín jiǔ děng le
对 不 起， 让 您 久 等 了。

Maaf, saya tidak dapat membantu kamu.

duì bu qǐ　　wǒ bù néng bāng nǐ de máng
对 不 起， 我 不 能 帮 你 的 忙 。

Saya menyesal sangat kerana tidak dapat memenuhi permintaan tuan/puan.

wǒ hěn yí hàn bù néng mǎn zú nín de yāo qiú
我 很 遗 憾 不 能 满 足 您 的 要 求 。

Menjawab

 回 答

Tidak mengapa.

bù ài shì　méi guān xi
不 碍 事 / 没 关 系 !

Ini bukan kesalahan tuan/puan.

zhè bù shì nín de cuò
这 不 是 您 的 错 。

Ucap selamat

Bermainlah sepuas-puasnya.

hǎo hǎo wán ba
好 好 玩 吧！

Selamat berehat.

hǎo hǎo xiū xi　hǎo hǎo shuì ba
好 好 休 息／好 好 睡 吧！

Semoga dipermudah segala urusan.

wàn shì rú yì
万 事 如 意！

Gong Xi Fa Cai.

gōng xǐ fā cái
恭 喜 发 财！

Selamat pengantin baharu.

xīn hūn kuài lè
新 婚 快 乐！

Selamat tahun baharu.

xīn nián hǎo
新 年 好！

Selamat hari lahir.

shēng rì kuài lè
生 日 快 乐！

Semoga panjang umur.

zhù nín cháng shòu
祝 您 长 寿！

Semoga dimurahkan rezeki.

zhù nǐ hǎo yùn
祝 你 好 运 ！

Semoga cepat sembuh.

zhù nǐ zǎo rì kāng fù
祝 你 早 日 康 复 ！

Selamat jalan.

zǒu hǎo 　 yī lù píng ān
走 好 / 一 路 平 安 ！

Jaga diri.

bǎo zhòng
保 重 ！

Saya mendoakan agar ekspo ini berjaya dianjurkan.

yù zhù cǐ cì bó lǎn huì qǔ dé yuán mǎn chéng gōng
预 祝 此 次 博 览 会 取 得 圆 满 成 功 ！

Minum ucap selamat

zhù   jiǔ
祝　酒

Pertama sekali, izinkan saya bagi pihak kerajaan tempatan mengucapkan selamat datang kepada delegasi Malaysia.

shǒu xiān   qǐng yǔn xǔ wǒ dài biǎo shì zhèng fǔ xiàng mǎ lái xī yà dài biǎo
首　先　，　请　允　许　我　代　表　市　政　府　向　马　来　西　亚　代　表
tuán biǎo shì rè liè huān yíng
团　表　示　热　烈　欢　迎　。

Dengan ikhlasnya, saya mendoakan agar lawatan tuan-tuan dan puan-puan berjaya mencapai matlamatnya.

wǒ zhōng xīn zhù yuàn nǐ men de fǎng wèn qǔ dé yuán mǎn chéng gōng
我　衷　心　祝　愿　你　们　的　访　问　取　得　圆　满　成　功　。

Saya berharap agar tuan-tuan dan puan-puan hidup gembira di China.

wǒ zhù yuàn nǐ men zài zhōng guó shēng huó yú kuài
我　祝　愿　你　们　在　中　国　生　活　愉　快　。

Ajak semua angkat gelas.

qǐng zhū wèi jǔ bēi
请　诸　位　举　杯　。

Semoga rancangan kita berjaya/Semoga tuan-tuan dan puan-puan (tuan/puan) dikurniakan kesihatan yang baik/Semoga persahabatan kita kekal abadi/Semoga kerjasama yang semakin erat antara kedua-dua syarikat kita, jemput minum.

wèi wǒ men jì huà de chéng gōng wèi nǐ men   nín   de jiàn kāng wèi wǒ
为　我　们　计　划　的　成　功　/为　你　们　（　您　）　的　健　康　/为　我
men de yǒu yì   wèi wǒ men liǎng jiā qǐ yè zhī jiān de hé zuò bù duàn gǒng gù
们　的　友　谊/为　我　们　两　家　企　业　之　间　的　合　作　不　断　巩　固
hé fā zhǎn   gān bēi
和　发　展　，　干　杯　!

Memuji

chēng zàn
称 赞

Tuan/Puan kelihatan berseri-seri.

nín de qì sè hěn hǎo
您 的 气 色 很 好 。

Tuan/Puan kelihatan segar hari ini.

nín jīn tiān hěn jīng shen
您 今 天 很 精 神 。

Gaya rambut kamu cantik/menjadikan kamu kelihatan lebih muda.

nǐ de fà shì hěn hǎo shǐ nǐ gèng nián qīng le
你 的 发 式 很 好 / 使 你 更 年 轻 了 。

Pakaian kamu benar-benar mewah/cantik.

nǐ de yī fu zhēn gāo dàng hǎo kàn
你 的 衣 服 真 高 档 / 好 看 。

Saya sangat suka skirt/baju lengan pendek kamu. Skirt/Baju lengan pendek

ini sesuai buat kamu.

wǒ hěn xǐ huan nǐ de duǎn qún duǎn xiù yī nǐ chuān zhe hěn hé shì yǔ
我 很 喜 欢 你 的 短 裙 / 短 袖 衣 。你 穿 着 很 合 适 , 与
nǐ de qì zhì xiāng pèi
你 的 气 质 相 配 。

Sangat cantik gambar ini.

duō piào liang de zhào piàn
多 漂 亮 的 照 片 !

Sangat indah pemandangan ini.

duō měi de fēng jǐng a
多 美 的 风 景 啊 !

Sangat cantik gelang kamu.

nǐ de shǒu zhuó zhēn hǎo kàn
你 的 手 镯 真 好 看！

Menjawab

 回 答

Terima kasih.

xiè xie
谢 谢！

Terima kasih banyak-banyak.

shí fēn gǎn xiè
十 分 感 谢！

Mengucapkan takziah

diào yàn
吊 唁

Kami menghantar surat ucapan takziah kepada ahli keluarga mendiang Tuan ××.

zài xiān sheng qù shì zhī hòu wǒ men xiàng qí jiā rén fā qù le diào yàn
在 ×× 先 生 去 世 之 后 ，我 们 向 其 家 人 发 去 了 吊 唁
xìn
信 。

Saya meminta para hadirin mengheningkan cipta selama satu minit untuk mendiang Tuan ××.

xiān sheng bù xìng shì shì wǒ jǐn qǐng gè wèi wèi tā mò āi yī fēn zhōng
×× 先 生 不 幸 逝 世 ，我 谨 请 各 位 为 他 默 哀 一 分 钟 。

Kami amat berdukacita atas kematian Tuan ××.

duì yú xiān sheng de shì shì wǒ men shēn gǎn bēi tòng
对 于 ×× 先 生 的 逝 世 ，我 们 深 感 悲 痛 。

Kami amat berdukacita atas kematian ayah tuan/puan.

duì yú lìng zūn dà rén de shì shì wǒ shēn gǎn bēi tòng
对 于 令 尊 大 人 的 逝 世 ，我 深 感 悲 痛 。

Saya sudi berkongsi kesedihan tuan/puan.

wǒ yuàn yì fēn dān nín de bēi shāng
我 愿 意 分 担 您 的 悲 伤 。

Saya sangat berdukacita atas kehilangan ahli keluarga tuan/puan.

wǒ duì nín shī qù qīn rén gǎn dào shí fēn bēi tòng
我 对 您 失 去 亲 人 感 到 十 分 悲 痛 。

Saya mengucapkan salam takziah.

wǒ biǎo shì āi dào
我 表 示 哀 悼 。

Dengan ikhlasnya, saya mengucapkan salam takziah.

jǐn biǎo shì chéng zhì de wèi wèn

谨 表 示 诚 挚 的 慰 问 。

Sampaikanlah salam takziah saya kepada isteri Tuan ××.

qǐng xiàng　　　xiān sheng de fū rén zhuǎn dá wǒ de wèi wèn

请 向 ×× 先 生 的 夫 人 转 达 我 的 慰 问 。

Salam takziah.

qǐng jié āi shùn biàn

请 节 哀 顺 变 !

Menjawab

 回 答

Terima kasih.

xiè xie

谢 谢 !

Terima kasih banyak atas ucapan takziah kamu.

wǒ hěn gǎn xiè nǐ men de wèi wèn

我 很 感 谢 你 们 的 慰 问 。

Menyampaikan hadiah

sòng lǐ

Bagi pihak delegasi, saya menyampaikan hadiah ini kepada tuan/puan.

wǒ yǐ dài biǎo tuán de míng yì xiàng nín zèng sòng zhè jiàn lǐ wù

我 以 代 表 团 的 名 义 向 您 赠 送 这 件 礼物 。

Inilah bunga/buah tangan untuk tuan/puan.

zhè shì gěi nín de xiān huā　xiǎo lǐ wù

这 是 给 您 的 鲜 花 / 小 礼 物 。

Saya ingin menyampaikan cenderahati ini kepada tuan/puan.

wǒ yào sòng nín zhè jiàn jì niàn pǐn

我 要 送 您 这 件 纪 念 品 。

Cikgu Ali, hadiah ini untuk cikgu.

ā lǐ lǎo shī　zhè shì zèng sòng gěi nín de

阿 里 老 师 , 这 是 赠 送 给 您 的 。

Saya rasa kamu akan suka.

wǒ xiǎng nǐ huì xǐ huan de

我 想 你 会 喜 欢 的 。

Kek hari lahir ini untuk kamu.

zhè shì sòng gěi nǐ de shēng rì dàn gāo

这 是 送 给 你 的 生 日 蛋 糕 。

Menjawab

答

Terima kasih banyak.

tài gǎn xiè nǐ le

太 感 谢 你 了 !

35

Kosa kata

补 充 词 汇

sapu tangan 手帕

album 相册

bakul bunga 花篮

dompet 钱包

lencana 徽章

broked kaum Zhuang 壮锦

pasu bunga 花瓶

Janji temu

Membuat janji temu

tí chū yù yuē jiàn miàn de qǐng qiú
提 出 预 约 见 面 的 请 求

Bolehkah saya berjumpa dengan pengurus syarikat tuan/puan?
wǒ kě yǐ bài fǎng guì gōng sī jīng lǐ ma
我 可 以 拜 访 贵 公 司 经 理 吗 ?

Bolehkah saya membuat janji temu dengan Tuan ×× besok?
wǒ míng tiān kě yǐ yuē jiàn   xiān sheng ma
我 明 天 可 以 约 见 × × 先 生 吗 ?

Bolehkah saya membuat janji temu dengan Tuan Ali pada 5hb. September?
wǒ kě yǐ zài   yuè   rì yuē jiàn ā lǐ xiān sheng ma
我 可 以 在 9 月 5 日 约 见 阿 里 先 生 吗 ?

Bolehkah kita berjumpa esok?
míng tiān nín néng jiàn wǒ ma
明 天 您 能 见 我 吗 ?

Bolehkah kita berjumpa pada minggu depan?
xià gè xīng qī wǒ kě yǐ jiàn nín ma
下 个 星 期 我 可 以 见 您 吗 ?

Bolehkah kita berjumpa sebentar lagi?
dāi huìr   wǒ néng jiàn nín ma
待 会 儿 我 能 见 您 吗 ?

Adakah tuan/puan berkelapangan pada jam 10 pagi esok? Bolehkah kita berjumpa sekejap?

míng tiān zǎo shang　　diǎn nín yǒu kòng ma　　kě yǐ jiàn wǒ yī huìr　　ma
明 天 早 上 10 点 您 有 空 吗？可 以 见 我 一 会 儿 吗？

Bolehkah tuan/puan melapangkan sejam untuk kita berbincang?

nín néng huā　gè xiǎo shí hé wǒ tán tan ma
您 能 花 1 个 小 时 和 我 谈 谈 吗？

Minta bertanya, adakah Dr. ×× sedang bekerja? Saya ingin berjumpa dengan beliau.

qǐng wèn　　　　dài fu shàng bān le ma　wǒ yào kàn bìng
请 问 ×× 大 夫 上 班 了 吗？我 要 看 病。

Menjawab

回 答

Saya mempunyai masa lapang pada petang hari Jumaat. Adakah masa itu sesuai untuk kita berjumpa?

xīng qī wǔ xià wǔ wǒ yǒu kòng　 zhè ge shí jiān jiàn miàn nín jué de hé shì ma
星 期 五 下 午 我 有 空。这 个 时 间 见 面 您 觉 得 合 适 吗？

Saya semak jadual dulu.

ràng wǒ kàn kan rì chéng ān pái
让 我 看 看 日 程 安 排。

Saya tiada urusan pada hari itu, boleh jumpa kamu.

nà yī tiān wǒ méi yǒu shì　 wǒ kě yǐ jiàn nǐ
那 一 天 我 没 有 事，我 可 以 见 你。

Minta telefon saya lagi esok.

qǐng nǐ míng tiān zài dǎ diàn huà lái yǔ wǒ lián xì
请 你 明 天 再 打 电 话 来 与 我 联 系。

Janji temu antara rakan atau rakan sekerja

péng you   tóng shì zhī jiān de yuē jiàn
朋 友 、 同 事 之 间 的 约 见

Helo! Sudah lama kita tidak berjumpa. Apa kata kita cari satu masa untuk berkumpul?

wèi   wǒ men hǎo jiǔ méi jiàn miàn le   zhǎo gè jī huì jù yī jù   zěn me
喂！我 们 好 久 没 见 面 了。 找 个 机 会 聚 一 聚，怎 么
yàng
样 ？

Adakah kamu mempunyai masa lapang pada hari Sabtu?

xīng qī liù nǐ yǒu kòng ma
星 期 六 你 有 空 吗 ？

Adakah pagi hari Ahad sesuai untuk kita berjumpa?

xīng qī tiān shàng wǔ wǒ men jiàn miàn nǐ jué de hé shì ma
星 期 天 上 午 我 们 见 面 你 觉 得 合 适 吗 ？

Menjawab
 回 答

Boleh, saya ada masa lapang.

kě yǐ   wǒ yǒu kòng
可 以，我 有 空 。

Baik, boleh.

hǎo de   kě yǐ
好 的，可 以 。

Baik, kita berjumpa di Kafe Lim Kee.

hǎo   zán men zài lín jì kā fēi guǎn jiàn miàn
好，咱 们 在 林 记 咖 啡 馆 见 面 。

Mengubah masa janji temu atau membatalkan janji temu

Saya tidak dapat menghadiri perjumpaan pada hari Isnin kerana saya ada urusan keluarga.

xīng qī yī de jiàn miàn wǒ qù bù liǎo yīn wèi jiā li yǒu shì
星 期 一 的 见 面 我 去 不 了 ，因 为 家 里 有 事 。

Bolehkah kita mengubah tarikh/waktu/tempat perjumpaan?

wǒ men jiàn miàn de rì qī shí jiān dì diǎn néng fǒu gēng gǎi
我 们 见 面 的 日 期 / 时 间 / 地 点 能 否 更 改 ？

Maaf, kita terpaksa mengubah tarikh perjumpaan.

duì bu qǐ wǒ men bì xū gēng gǎi jiàn miàn rì qī
对 不 起 ，我 们 必 须 更 改 见 面 日 期 。

Jika perjumpaan kita diawalkan/ditangguhkan, adakah ia akan menyusahkan tuan/puan?

wǒ men jiàn miàn de rì qī tí qián tuī chí huì gěi nín dài lái shén me bù biàn ma
我 们 见 面 的 日 期 提 前 / 推 迟 会 给 您 带 来 什 么 不 便 吗 ？

Maaf, saya terpaksa membatalkan janji temu kita.

duì bu qǐ wǒ děi qǔ xiāo wǒ men de jiàn miàn
对 不 起 ，我 得 取 消 我 们 的 见 面 。

Menjawab

Tidak mengapa. Kalau kamu ada urusan keluarga, kita boleh mengubah masa janji temu.

méi guān xi rú guǒ nǐ jiā li yǒu shì wǒ men kě yǐ gǎi jiàn miàn shí jiān
没 关 系 。如 果 你 家 里 有 事 ，我 们 可 以 改 见 面 时 间 。

Tempat dan tarikh perjumpaan tidak boleh berubah kerana notis sudah dihantar kepada semua peserta.

wǒ men yǐ jīng gěi dà jiā fā chū tōng zhī jiàn miàn dì diǎn hé rì qī bù hǎo
我 们 已 经 给 大 家 发 出 通 知 ，见 面 地 点 和 日 期 不 好
gēng gǎi le
更 改 了 。

Sila maklumkan waktu janji temu yang baharu kepada saya.

gǎi dào shén me shí jiān　　qǐng tōng zhī wǒ
改 到 什 么 时 间 ， 请 通 知 我 。

Lebih baik jangan mengawalkan/menangguhkan waktu perjumpaan kita.

wǒ men de jiàn miàn zuì hǎo bù yào tí qián tuī chí
我 们 的 见 面 最 好 不 要 提 前 / 推 迟 。

Saya amat menyesal kerana kamu membatalkan perjumpaan kita.

nǐ qǔ xiāo wǒ men de jiàn miàn　　wǒ gǎn dào hěn yí hàn
你 取 消 我 们 的 见 面 ， 我 感 到 很 遗 憾 !

Berkomunikasi

gōu tōng   jiāo liú
沟 通 ， 交 流

Maaf, saya tidak faham.
duì bu qǐ   wǒ méi tīng míng bai
对 不 起 ， 我 没 听 明 白 。

Maaf, saya tidak mendengar dengan jelas.
qǐng yuán liàng   wǒ tīng de bù shì hěn qīng chu
请 原 谅 ， 我 听 得 不 是 很 清 楚 。

Apa? Tidak jelas.
shén me   tīng bù qīng
什 么 ？ 听 不 清 。

Apa yang tuan/puan kata?
nín shuō shén me
您 说 什 么 ？

Saya tidak dapat mendengar dengan jelas.
wǒ tīng bù qīng chu
我 听 不 清 楚 。

Tolong ulang sekali lagi.
qǐng nín zài jiǎng yī cì
请 您 再 讲 一 次 。

Jangan bercakap terlalu laju.
qǐng bié jiǎng de tài kuài
请 别 讲 得 太 快 。

Tolong kuatkan suara.
qǐng jiǎng dà shēng yī diǎn
请 讲 大 声 一 点 。

Tolong bercakap perlahan sedikit.

qǐng nín jiǎng màn yī diǎn
请 您 讲 慢 一 点。

Sudahkah tuan/puan faham?

nín míng bai tīng dǒng le ma
您 明 白 / 听 懂 了 吗？

Menjawab

Ya/Betul.

shì de duì
是 的 / 对 。

Ya, saya faham.

shì de wǒ tīng míng bai le wǒ dǒng le
是 的 , 我 听 明 白 了 / 我 懂 了 。

Pasti, mungkin, waswas, larang

kěn dìng　dà gài　　kě néng　　huái yí　　jìn zhǐ
肯定; 大概, 可 能 ; 怀 疑; 禁止

Pasti

kěn dìng
肯 定

Mereka pasti tahu mengenai hal ini.
tā men kěn dìng zhī dào zhè jiàn shì
他 们 肯 定 知 道 这 件 事 。

Saya yakin dia telah berjaya.
wǒ què xìn tā chéng gōng le
我 确 信 他 成 功 了 。

Saya meyakini hal ini.
wǒ duì cǐ què xìn wú yí
我 对 此 确 信 无 疑 。

Kehidupan rakyat pasti bertambah baik.
rén mín de shēng huó bì rán dé dào gǎi shàn
人 民 的 生 活 必 然 得 到 改 善 。

Sudah tentu kita tidak mungkin melakukan kesemuanya dalam sehari.
dāng rán　　wǒ men bù kě néng zài yī tiān zhī nèi bǎ shén me shì dōu zuò wán
当 然 ， 我 们 不 可 能 在 一 天 之 内 把 什 么 事 都 做 完 。

Saya pasti yang ini tulisan tangannya.
wǒ kěn dìng zhè shì tā de zì jì
我 肯 定 这 是 他 的 字 迹 。

Mungkin

dà gài   kě néng
大概，可能

Dia mungkin tersesat jalan.

tā dà gài mí lù le
他大概迷路了。

Mungkin dia salah faham.

kě néng shì tā wù huì le
可能是他误会了。

Mungkinlah.

dà gài shì ba
大概是吧。

Dia mungkin marah.

tā hǎo xiàng shēng qì le
她好像生气了。

Dia mungkin akan datang esok.

tā yě xǔ míng tiān huì lái
他也许明天会来。

Hari ini mungkin hujan.

jīn tiān kě néng yào xià yǔ
今天可能要下雨。

Kita mungkin akan berjumpa tidak lama kemudian.

wǒ men kě néng hěn kuài jiù huì jiàn miàn
我们可能很快就会见面。

Kalau boleh, sila datang ke majlis malam ini.

yǒu kě néng de huà   qǐng lái cān jiā jīn tiān de wǎn huì
有可能的话，请来参加今天的晚会。

Dia mungkin sakit.

tā kě néng bìng le
他可能病了。

Hal ini mungkin berlaku.
zhè shì kě néng de
这 是 可 能 的。

Hal ini mustahil berlaku.
zhè shì bù kě néng de
这 是 不 可 能 的。

Dia tidak mungkin menyelesaikan kerja ini pada hujung bulan.
tā bù kě néng zài yuè dǐ zuò wán zhè xiàng gōng zuò
他 不 可 能 在 月 底 做 完 这 项 工 作。

Waswas

huái yí
怀 疑

Betulkah?
shì zhēn de ma
是 真 的 吗?

Yakah?
shì ma
是 吗?

Saya berasa waswas...
wǒ huái yí
我 怀 疑……

Adakah kamu silap?
nǐ méi yǒu nòng cuò ba
你 没 有 弄 错 吧?

Saya tidak percaya.
wǒ bù xiāng xìn
我 不 相 信。

Saya tidak percaya pasukannya boleh menang.
wǒ bù xiāng xìn tā de duì wu néng shèng lì
我 不 相 信 他 的 队 伍 能 胜 利。

Rasanya dia tidak akan datang.

wǒ huái yí tā bù huì lái

我 怀 疑 他 不 会 来 。

Rasanya dia akan lewat.

wǒ huái yí tā huì chí dào

我 怀 疑 她 会 迟 到 。

Saya mencurigai kemujaraban ubat ini.

wǒ huái yí zhè yào de xiào guǒ

我 怀 疑 这 药 的 效 果 。

Saya meragui kesahihan surat perakuan ini.

wǒ huái yí zhè zhāng zhèng míng de zhēn shí xìng

我 怀 疑 这 张 证 明 的 真 实 性 。

Saya tidak pernah meragui keikhlasan dia.

wǒ cóng lái méi yǒu huái yí tā de chéng yì

我 从 来 没 有 怀 疑 他 的 诚 意 。

Dia meragui kejujuran kita.

tā huái yí wǒ men de chéng xìn

他 怀 疑 我 们 的 诚 信 。

Keikhlasannya tidak diragui.

háo wú yí wèn tā shì chéng xīn chéng yì de

毫 无 疑 问 ， 她 是 诚 心 诚 意 的 。

Saya tidak meragui keberanian kamu.

wǒ bù huái yí nǐ de dǎn liàng

我 不 怀 疑 你 的 胆 量 。

Saya tidak pasti sama ada dia akan lulus atau tidak.

wǒ bù què dìng tā shì fǒu néng kǎo guò guān

我 不 确 定 他 是 否 能 考 过 关 。

Larang

jìn zhǐ
禁 止

Hal ini dilarang keras.

zhè shì yán lì jìn zhǐ de
这 是 严 厉 禁 止 的 。

Jangan buka pintu.

qǐng bù yào bǎ mén dǎ kāi
请 不 要 把 门 打 开 。

Jangan kritik dia.

nǐ bù yào pī píng tā
你 不 要 批 评 他 。

Jangan tinggikan suara dengan dia.

nǐ bù yào nà me dà shēng duì tā shuō huà
你 不 要 那 么 大 声 对 她 说 话 。

Dilarang bersembang semasa bekerja.

shàng bān shí jiān jìn zhǐ liáo tiān
上 班 时 间 禁 止 聊 天 。

Doktor mengarahkan pesakitnya supaya berhenti mengambil garam.

yī shēng ràng bìng rén jì yán
医 生 让 病 人 忌 盐 。

Jangan makan makanan manis.

bù yào chī tián shí
不 要 吃 甜 食 。

Tidak dibenarkan bermain sebelum selesai kerja.

gōng zuò méi zuò wán bù néng qù wán
工 作 没 做 完 不 能 去 玩 。

Larangan di tempat awam

gōng gòng chǎng suǒ jìn lìng
公 共 场 所 禁 令

Dilarang berikan makanan kepada haiwan.

jìn zhǐ gěi dòng wù wèi shí
禁 止 给 动 物 喂 食 。

Dilarang petik bunga.

jìn zhǐ zhāi huā
禁 止 摘 花 。

Dilarang bercakap dengan pemandu semasa memandu.

xíng chē shí jìn zhǐ yǔ sī jī shuō huà
行 车 时 禁 止 与 司 机 说 话 。

Dilarang bawa anjing ke dalam hotel ini.

běn lǚ guǎn jìn zhǐ xié gǒu rù nèi
本 旅 馆 禁 止 携 狗 入 内 。

Dilarang potong kereta.

jìn zhǐ chāo chē
禁 止 超 车 。

Tidak dibenarkan melalui kawasan ini.

cǐ qū yù jìn zhǐ tōng xíng
此 区 域 禁 止 通 行 。

Tidak dibenarkan masuk kalau bukan pekerja unit ini.

fēi běn dān wèi rén yuán bù dé rù nèi
非 本 单 位 人 员 不 得 入 内 。

Dilarang letak kenderaan di sini.

jìn zhǐ tíng chē
禁 止 停 车 。

Dilarang pijak rumput.

jìn zhǐ cǎi tà cǎo dì
禁 止 踩 踏 草 地 。

Dilarang buang sampah di sini.

jìn zhǐ zài cǐ dào lā jī
禁 止 在 此 倒 垃 圾 。

Remaja di bawah 16 tahun dan anak-anak kecil dilarang menonton.

jìn zhǐ　　suì yǐ xià de shào nián ér tóng guān kàn
禁 止 16 岁 以 下 的 少 年 儿 童 观 看 。

Dilarang merokok.

jìn zhǐ xī yān
禁 止 吸 烟 。

Bersetuju atau membantah

Saya bersetuju.
wǒ zàn chéng
我 赞 成 。

Saya bersetuju dengan pendapat tuan/puan.
wǒ zàn chéng nín de yì jiàn
我 赞 成 您 的 意 见 。

Saya sependapat dengan tuan/puan.
wǒ de kàn fǎ gēn nín de yī yàng
我 的 看 法 跟 您 的 一 样 。

Setuju.
tóng yì
同 意 !

Saya tiada bantahan.
wǒ méi yǒu yì yì
我 没 有 异 议 。

Saya bersetuju dengan sepenuhnya.
wǒ wán quán zàn chéng
我 完 全 赞 成 。

Saya kurang bersetuju dengan pendapat tuan/puan.
wǒ bù tóng yì nín de kàn fǎ
我 不 同 意 您 的 看 法 。

Saya membantah.
wǒ fǎn duì
我 反 对 !

Saya membantah cadangan ini.

wǒ fǎn duì zhè tiáo jiàn yì
我 反 对 这 条 建 议 。

Itu tidak boleh.

nà shì bù xíng de
那 是 不 行 的 。

Tidak boleh.

bù xíng
不 行 。

Sama sekali/Tentu tidak boleh.

jué duì / kěn dìng bù xíng
绝 对 / 肯 定 不 行 !

Membantu

bāng zhù
帮 助

Bolehkah saya membantu tuan/puan?
wǒ néng wèi nín xiào láo ma
我 能 为 您 效 劳 吗？

Apakah yang boleh saya bantu, tuan/puan?
wǒ néng bāng nín shén me máng ma
我 能 帮 您 什 么 忙 吗？

Sila beritahu saya, kalau tuan/puan memerlukan bantuan.
rú guǒ nín xū yào bāng zhù   qǐng gào su wǒ
如 果 您 需 要 帮 助， 请 告 诉 我。

Bolehkah saya tolong tuan/puan?
wǒ néng bāng nín de máng ma
我 能 帮 您 的 忙 吗？

Jika tuan/puan bersetuju, saya boleh membantu.
rú guǒ nín yuàn yì   wǒ kě yǐ bāng nín yī bǎ
如 果 您 愿 意， 我 可 以 帮 您 一 把。

Izinkan saya hantar tuan/puan ke pintu keluar.
qǐng yǔn xǔ wǒ sòng nín dào chū kǒu
请 允 许 我 送 您 到 出 口。

Menerima bantuan

jiē shòu bāng zhù
接 受 帮 助

Amat menyusahkan tuan/puan.

má fan nín le
麻 烦 您 了。

Tuan/Puan baik hati sungguh. Terima kasih.

nín zhēn hǎo   xiè xie nín le
您 真 好 ， 谢 谢 您 了。

Menolak bantuan

xiè jué bāng zhù
谢 绝 帮 助

Terima kasih, saya boleh melakukannya sendiri.

xiè xie   wǒ zì jǐ kě yǐ zuò
谢 谢 ，我 自 己 可 以 做 。

Tidak perlu. Terima kasih.

bù bì le   xiè xie
不 必 了 ，谢 谢 ！

Meminta bantuan

qǐng qiú bāng zhù
请 求 帮 助

Bolehkah tuan/puan bantu saya?

nín néng bāng wǒ gè máng ma
您 能 帮 我 个 忙 吗 ？

Bolehkah kamu bantu saya?

qǐng nǐ bāng gè máng　hǎo ma
请 你 帮 个 忙 ， 好 吗 ？

Sudi membantu

tóng yì bāng zhù bié rén
同 意 帮 助 别 人

Saya sudi membantu.

hěn yuàn yì
很 愿 意 。

Saya sudi membantu tuan/puan.

hěn lè yì wèi nín xiào láo
很 乐 意 为 您 效 劳 。

Saya mengikut arahan tuan/puan.

tīng cóng nín de diào qiǎn
听 从 您 的 调 遣 。

Khidmat

fú   wù
服 务

Apakah yang boleh saya bantu?
wǒ néng bāng shén me máng ma
我 能 帮 什 么 忙 吗？

Apakah yang perlu saya buat untuk tuan/puan?
xū yào wǒ wèi nín zuò xiē shén me ma
需 要 我 为 您 做 些 什 么 吗？

Apakah yang tuan/puan ingin tahu?
nín xū yào liǎo jiě shén me ma
您 需 要 了 解 什 么 吗？

Izinkan saya memberikan penerangan kepada tuan/puan.
qǐng yǔn xǔ wǒ xiàng nín jiè shào
请 允 许 我 向 您 介 绍。

Mahukah saya bungkus makanan untuk tuan/puan?
xū yào wǒ wèi nín dǎ bāo ma
需 要 我 为 您 打 包 吗？

Perlukah saya hantar yang dipesan ke rumah tuan/puan?
nín xū yào sòng huò shàng mén ma
您 需 要 送 货 上 门 吗？

Menjawab

Baik, terima kasih.
hǎo de   má fan nín le
好 的， 麻 烦 您 了。

Tidak perlu. Terima kasih.

bù xū yào　xiè xie
不 需 要，谢 谢 。

Memesan perkhidmatan

qǐng qiú tí gōng fú wù
请 求 提 供 服 务

Tolong hantar sarapan ke bilik saya.

qǐng bǎ zǎo cān sòng dào wǒ de fáng jiān
请 把 早 餐 送 到 我 的 房 间 。

Adakah hotel ini menyediakan khidmat cuci pakaian?

zhè ge lǚ guǎn bāng máng xǐ yī fu ma
这 个 旅 馆 帮 忙 洗 衣 服 吗 ？

Bolehkah kamu tolong saya menyeterika baju ini?

bāng wǒ yùn yī xià zhè jiàn yī fu hǎo ma
帮 我 熨 一 下 这 件 衣 服，好 吗 ？

Bangunkan saya pada pukul 5 pagi esok.

míng tiān zǎo chen　diǎn jiào xǐng wǒ
明 天 早 晨 5 点 叫 醒 我 。

Tolong panggil teksi untuk saya.

qǐng bāng wǒ jiào yī liàng chū zū chē
请 帮 我 叫 一 辆 出 租 车 。

Menjawab

回 答

Boleh/Baik.

kě yǐ hǎo de
可 以 / 好 的 。

Tentu boleh.

dāng rán kě yǐ
当 然 可 以 。

Maaf, kami tidak lagi menawarkan perkhidmatan ini.

hěn bào qiàn　　wǒ men xiàn zài bù zài tí gōng zhè zhǒng fú wù le
很 抱 歉 ， 我 们 现 在 不 再 提 供 这 种 服 务 了 。

Cuaca

Bagaimanakah cuaca hari ini?

jīn tiān tiān qì zěn me yàng
今 天 天 气 怎 么 样 ？

Berapakah suhu hari ini dalam darjah Celsius?

jīn tiān de qì wēn shì duō shao shè shì dù
今 天 的 气 温 是 多 少 摄 氏 度 ？

Bagaimanakah cuaca besok mengikut ramalan cuaca?

tiān qì yù bào shuō míng tiān de tiān qì zěn me yàng
天 气 预 报 说 明 天 的 天 气 怎 么 样 ？

Menjawab

Cuaca hari ini baik/tidak baik.

jīn tiān tiān qì hǎo bù hǎo
今 天 天 气 好 / 不 好 。

Cuaca panas/dingin/nyaman/kering/lembap.

tiān qì rè lěng liáng shuǎng gān zào cháo shī
天 气 热 / 冷 / 凉 爽 / 干 燥 / 潮 湿 。

Cuaca bertambah baik.

tiān qì hǎo zhuǎn
天 气 好 转 。

Cuaca sudah berubah.

tiān qì biàn le
天 气 变 了 。

Benarlah panas mencekik.

tiān qì zhēn mēn rè
天 气 真 闷 热！

Cerah/Berangin.

chū tài yáng guā fēng
出 太 阳 / 刮 风 。

Tempat tinggal kami dilanda ribut taufan sekarang.

wǒ men zhù de dì fang zhèng zāo shòu tái fēng xí jī
我 们 住 的 地 方 正 遭 受 台 风 袭 击。

Berkabus/Berawan/Hujan.

yǒu wù yǒu yún yǒu yǔ
有 雾 / 有 云 / 有 雨 。

Hujan sudah turun.

xià yǔ le
下 雨 了 。

Esok ada hujan lebat.

míng tiān yǒu bào yǔ
明 天 有 暴 雨 。

Udara sejuk sudah sampai.

lěng kōng qì lái le
冷 空 气 来 了 。

Sudah bersalji.

xià xuě le
下 雪 了！

Salji sering turun di wilayah utara China pada musim sejuk.

dōng tiān   zhōng guó běi fāng jīng cháng xià xuě
冬 天 ， 中 国 北 方 经 常 下 雪 。

Hujan batu sudah turun.

xià bīng báo le
下 冰 雹 了！

Sudah beku.

jié bīng le
结 冰 了！

Saya berasa sangat panas/sejuk.

wǒ jué de hěn rè lěng
我 觉 得 很 热 / 冷 。

Suhu 32 darjah Celsius/kosong darjah Celsius/negatif tiga darjah Celsius.

wēn dù shì　shè shì dù　shè shì dù　líng xià　shè shì dù
温 度 是 32 摄 氏 度 / 0 摄 氏 度 / 零 下 3 摄 氏 度 。

Cuaca baik mengikut ramalan cuaca.

tiān qì yù bào shuō tiān qì hǎo
天 气 预 报 说 天 气 好 。

Berawan/Ada hujan mengikut ramalan cuaca.

tiān qì yù bào shuō duō yún　yǒu yǔ
天 气 预 报 说 多 云 / 有 雨 。

Ada taufan malam ini mengikut ramalan cuaca.

tiān qì yù bào shuō jīn wǎn yǒu tái fēng
天 气 预 报 说 今 晚 有 台 风 。

Kosa kata
 补 充 词 汇

stesen kaji cuaca 气象站	angin kencang 大风
ribut 暴风	puting beliung 龙卷风
hujan ribut 暴风雨	hujan renyai-renyai 毛毛雨
ribut petir 雷阵雨	petir 雷
kilat 闪电	fros 霜
awan 云	awan gelap 乌云
awan putih 白云	langit berawan 天空多云
langit mendung 阴天	langit redup 天空阴沉
langit cerah 天空晴朗	suhu rendah 低温
suhu tinggi 高温	

Tahun, musim, bulan, hari

年，季节，月，日

nián　　jì jié　yuè　　rì

Bilakah hubungan diplomatik China dengan Malaysia dijalin?

zhōng mǎ jiàn jiāo shì zài nǎ yī nián
中 马 建 交 是 在 哪 一 年 ？

Musim di Malaysia/China sekarang musim apa?

xiàn zài mǎ lái xī yà zhōng guó shì shén me jì jié
现 在 马 来 西 亚 / 中 国 是 什 么 季 节 ？

Berapakah musim dalam satu tahun di Malaysia/China?

mǎ lái xī yà zhōng guó yī nián yǒu jǐ gè jì jié
马 来 西 亚 / 中 国 一 年 有 几 个 季 节 ？

Bulan apa sekarang?

xiàn zài shì jǐ yuè
现 在 是 几 月 ？

Hari ini hari apa?

jīn tiān shì xīng qī jǐ
今 天 是 星 期 几 ？

8hb. hari apa?

rì shì xīng qī jǐ
8 日 是 星 期 几 ？

Apakah tarikh hari ini?

jīn tiān shì jǐ hào
今 天 是 几 号 ？

Bilakah tarikh lahir kamu?

nǐ shì nǎ nián nǎ yuè nǎ rì chū shēng de
你 是 哪 年 哪 月 哪 日 出 生 的 ？

Bilakah masjid ini dibina?

zhè zuò qīng zhēn sì shì shén me nián dài jiàn de
这 座 清 真 寺 是 什 么 年 代 建 的？

Bilakah garam mesiu dicipta?

huǒ yào shì shén me shí hou fā míng de
火 药 是 什 么 时 候 发 明 的？

Besok atau lusa kamu bertolak?

nǐ míng tiān zǒu hái shi hòu tiān chū fā
你 明 天 走 还 是 后 天 出 发？

Menjawab

 答

Hubungan diplomatik China dengan Malaysia dijalin pada 31hb. Mei, tahun 1974.

zhōng mǎ jiàn jiāo shì zài   nián   yuè   rì
中 马 建 交 是 在 1974 年 5 月 31 日 。

Musim panas.

shì xià jì
是 夏 季 。

Terdapat dua musim dalam satu tahun di Malaysia, iaitu musim hujan dan musim kemarau.

mǎ lái xī yà yī nián yǒu liǎng gè jì jié   jí yǔ jì hé hàn jì
马 来 西 亚 一 年 有 两 个 季 节 , 即 雨 季 和 旱 季 。

Terdapat empat musim dalam satu tahun di China, iaitu musim bunga, musim panas, musim gugur dan musim sejuk.

zhōng guó yī nián yǒu   gè jì jié   jí chūn jì   xià jì   qiū jì hé dōng jì
中 国 一 年 有 4 个 季 节 , 即 春 季 、 夏 季 、 秋 季 和 冬 季 。

Sekarang bulan Januari/Februari/Mac/April/Mei/Jun/Julai/Ogos/September/Oktober/November/Disember.

xiàn zài shì   yuè   yuè   yuè   yuè   yuè   yuè   yuè   yuè   yuè
现 在 是 1 月 / 2 月 / 3 月 / 4 月 / 5 月 / 6 月 / 7 月 / 8 月 / 9 月 / 10
yuè   yuè   yuè
月 / 11 月 / 12 月 。

Hari ini hari Isnin/Selasa/Rabu/Khamis/Jumaat/Sabtu/Ahad.

jīn tiān shì xīng qī yī　xīng qī èr　xīng qī sān　xīng qī sì　xīng qī wǔ　xīng
今 天 是 星 期 一／星 期 二／星 期 三／星 期 四／星 期 五／星

qī liù　xīng qī tiān
期 六／星 期 天 。

Hari Sabtu.

shì xīng qī liù
是 星 期 六 。

Hari ini 1hb./31hb. Julai, tahun 2022.

jīn tiān shì　　　nián　yuè　　　rì
今 天 是 2022 年 7 月 1／31 日 。

Hari ini 19hb. Mei, hari Ahad.

jīn tiān shì　yuè　rì　xīng qī tiān
今 天 是 5 月 19 日 ， 星 期 天 。

Saya lahir pada 8hb. September, tahun 1985.

wǒ chū shēng yú　　　nián　yuè　rì
我 出 生 于 1985 年 9 月 8 日 。

Masjid ini dibina pada abad ke-12.

zhè zuò qīng zhēn sì jiàn yú　　shì jì
这 座 清 真 寺 建 于 12 世 纪 。

Garam mesiu dicipta pada 1000 tahun yang lalu.

huǒ yào de fā míng kě yǐ zhuī sù dào　　　nián qián
火 药 的 发 明 可 以 追 溯 到 1000 年 前 。

Saya akan bertolak pada lusa.

wǒ hòu tiān chū fā
我 后 天 出 发 。

Kosa kata
补充词汇

kalendar 日历	masihi 公元
Kalendar Cina 农历	Kalendar Gregorius 公历
Takwim Hijrah 伊斯兰历	tahun tikus 鼠年
tahun lembu 牛年	tahun harimau 虎年
tahun arnab 兔年	tahun naga 龙年
tahun ular 蛇年	tahun kuda 马年
tahun kambing 羊年	tahun monyet 猴年
tahun ayam 鸡年	tahun anjing 狗年
tahun khinzir 猪年	

Masa

时 间

Pukul berapa sekarang?
xiàn zài shì jǐ diǎn zhōng
现 在 是 几 点 钟 ？

Minta bertanya, pukul berapa ikut jam kamu?
qǐng wèn nǐ de biǎo jǐ diǎn
请 问 你 的 表 几 点 ？

Pukul berapa kuliah bermula/selesai?
kè jǐ diǎn zhōng kāi shǐ jié shù
课 几 点 钟 开 始 / 结 束 ？

Menjawab

 回 答

Pukul empat pagi/petang.
zǎo shang xià wǔ diǎn
早 上 / 下 午 4 点 。

Sekarang pukul sembilan tepat.
xiàn zài gāng hǎo diǎn
现 在 刚 好 9 点 。

Pukul sepuluh tepat.
diǎn zhěng
10 点 整 。

Pukul empat sepuluh minit.
diǎn fēn
4 点 10 分 。

Pukul empat sesuku.

sì diǎn yī kè

四 点 一 刻 。

Pukul lima setengah.

diǎn bàn

5 点 半 。

Pukul lapan tiga suku.

bā diǎn sān kè

八 点 三 刻 。

Pukul dua belas tengah hari/malam.

zhōng wǔ   diǎn wǔ yè   diǎn

中 午 12 点 / 午 夜 12 点 。

Jam saya cepat/lambat 2 minit.

wǒ de biǎo kuài màn fēn zhōng

我 的 表 快 / 慢 2 分 钟 。

Sekarang waktu rehat tengah hari.

xiàn zài shì wǔ xiū shí jiān

现 在 是 午 休 时 间 。

Inilah waktu bertolak.

shì chū fā de shí hou le

是 出 发 的 时 候 了 。

Waktu operasi Mid Valley dari pukul lapan pagi hingga pukul sebelas malam.

gǔ zhōng chéng de yíng yè shí jiān shì cóng zǎo shang diǎn zhì wǎn shang

谷 中 城 的 营 业 时 间 是 从 早 上 8 点 至 晚 上 11

diǎn

点 。

Pesawat ke Pulau Pinang berlepas pada pukul enam setengah pagi.

qù bīn chéng de fēi jī zǎo shang diǎn fēn qǐ fēi

去 槟 城 的 飞 机 早 上 6 点 30 分 起 飞 。

Janji temu saya dengan pengurus adalah pada pukul sebelas pagi.

wǒ yǔ jīng lǐ de yuē huì dìng zài shàng wǔ diǎn

我 与 经 理 的 约 会 定 在 上 午 11 点 。

Saya datang menyambut kamu pada pukul 7.00 malam.

wǒ wǎn shang diǎn lái jiē nǐ
我 晚 上 7 点 来 接 你 。

Saya akan bertolak dua jam kemudian.

wǒ liǎng gè xiǎo shí hòu chū fā
我 两 个 小 时 后 出 发 。

Kami akan balik sekejap lagi.

wǒ men yī huìr jiù huí lái
我 们 一 会 儿 就 回 来 。

Lawatan mengambil masa kira-kira satu jam setengah.

cān guān xū yào gè bàn xiǎo shí zuǒ yòu
参 观 需 要 1 个 半 小 时 左 右 。

Menaiki bas dari Kuala Lumpur ke Melaka mengambil masa kira-kira 2 jam.

cóng jí lóng pō chéng zuò bā shì dào mǎ liù jiǎ dà yuē yào gè xiǎo shí
从 吉 隆 坡 乘 坐 巴 士 到 马 六 甲 大 约 要 2 个 小 时 。

Bahagian II
Jenis ayat situasi ragam harian

dì èr bù fen
第二部分
qíng jǐng biǎo dá jù xíng
情景表达句型

Prosedur yang diperlukan

bì yào shǒu xù
必 要 手 续

Memohon visa

shēn qǐng qiān zhèng
申 请 签 证

Di pejabat konsulat atau kedutaan
zài lǐng shì guǎn huò dà shǐ guǎn
在 领 事 馆 或 大 使 馆

Pemohon

申 请 者

Saya memohon Visa Sekali Masuk/Visa Beberapa Kali Masuk/Visa Transit
ke Malaysia.

wǒ shēn qǐng qù mǎ lái xī yà de dān cì rù jìng duō cì rù jìng guò jìng qiān
我 申 请 去 马 来 西 亚 的 单 次 入 境 / 多 次 入 境 / 过 境 签

zhèng
证 。

Saya memohon visa ke Malaysia bagi tujuan urusan kerajaan/perniagaan/
pembelajaran/pelancongan.

wǒ yǐ gōng wù shāng wù liú xué lǚ yóu wéi mù dì shēn qǐng qù mǎ lái xī
我 以 公 务 / 商 务 / 留 学 / 旅 游 为 目 的 申 请 去 马 来 西

yà de qiān zhèng
亚 的 签 证 。

Saya ingin memohon Visa Beberapa Kali Masuk selama 3 bulan.

wǒ xiǎng shēn qǐng gè yuè duō cì rù jìng de qiān zhèng
我 想 申 请 3 个 月 多 次 入 境 的 签 证 。

70

Sebuah delegasi China akan mengadakan lawatan ke Malaysia, sila berikan visa kepada mereka.

yī gè zhōng guó dài biǎo tuán jiāng yào qián wǎng mǎ lái xī yà kǎo chá　　qǐng
一个 中 国 代 表 团 将 要 前 往 马 来 西 亚 考 察 ， 请
nín gěi tā men fā qiān zhèng
您 给 他 们 发 签 证 。

Apakah prosedur yang perlu saya ikuti?

wǒ yīng gāi bàn nǎ xiē shǒu xù
我 应 该 办 哪 些 手 续 ？

Mohon bertanya, adakah Visa Transit diperlukan untuk pergi ke Bangkok dari Kuala Lumpur?

qǐng wèn cóng jí lóng pō qián wǎng màn gǔ xū yào bàn lǐ guò jìng qiān zhèng ma
请 问 从 吉 隆 坡 前 往 曼 谷 需 要 办 理 过 境 签 证 吗 ？

Permohonan ini mengambil masa berapa lama?

bàn lǐ shēn qǐng xū yào duō cháng shí jiān
办 理 申 请 需 要 多 长 时 间 ？

Saya berharap visa saya sah selama 3 bulan.

wǒ xī wàng wǒ de qiān zhèng yǒu xiào qī wéi　gè yuè
我 希 望 我 的 签 证 有 效 期 为 3 个 月 。

Saya ingin tahu mengapa permohonan visa saya ditolak.

wǒ xiǎng zhī dào wǒ wèi shén me bèi jù qiān
我 想 知 道 我 为 什 么 被 拒 签 。

Mengapakah pihak tuan/puan tidak mengeluarkan visa kepada saya?

nǐ men wèi shén me jù jué fā gěi wǒ qiān zhèng
你 们 为 什 么 拒 绝 发 给 我 签 证 ？

Pegawai

职 员

Adakah tuan/puan mempunyai surat jemputan?

nín yǒu yāo qǐng hán ma
您 有 邀 请 函 吗 ？

Apakah tujuan tuan/puan untuk melancong?

nín lǚ yóu de dòng jī shì shén me
您 旅 游 的 动 机 是 什 么 ？

Berapa lamakah tuan/puan akan tinggal di Malaysia?

nín dǎ suàn zài mǎ lái xī yà dòu liú duō cháng shí jiān
您 打 算 在 马 来 西 亚 逗 留 多 长 时 间 ?

Jika penginapan tidak melebihi 24 jam, Visa Transit tidak diperlukan.

rú guǒ tíng liú shí jiān bù chāo guò   xiǎo shí   jiù bù xū yào bàn guò jìng qiān
如 果 停 留 时 间 不 超 过 24 小 时 ， 就 不 需 要 办 过 境 签

zhèng
证 。

Sila lengkapkan borang permohonan ini.

qǐng tián xiě zhè xiē shēn qǐng biǎo gé
请 填 写 这 些 申 请 表 格 。

Sila berikan pasport tuan/puan kepada kami.

qǐng bǎ nín de hù zhào jiāo gěi wǒ men
请 把 您 的 护 照 交 给 我 们 。

Perlu menunggu maksimum 3 hari.

zuì duō yào děng   tiān
最 多 要 等 3 天 。

Ini adalah visa yang sah untuk pergi ke Malaysia.

zhè shì qián wǎng mǎ lái xī yà de yǒu xiào qiān zhèng
这 是 前 往 马 来 西 亚 的 有 效 签 证 。

Permohonan visa tuan/puan ditolak kerana alasan tuan/puan tidak memadai.

nín zhī suǒ yǐ bèi jù qiān   shì yīn wèi nín de lǐ yóu bù chōng fèn
您 之 所 以 被 拒 签 ， 是 因 为 您 的 理 由 不 充 分 。

Permohonan tuan/puan masih kekurangan beberapa dokumen sokongan. Sila lengkapkan dokumen tersebut.

nín hái quē cái liào   qǐng bǎ shàng shù cái liào bǔ qí
您 还 缺 材 料 ， 请 把 上 述 材 料 补 齐 。

Melanjutkan tempoh sah pasport

yán cháng hù zhào yǒu xiào qī
延 长 护 照 有 效 期

Pasport saya sudah tamat tempoh.

wǒ de hù zhào yǐ jīng guò qī le
我 的 护 照 已 经 过 期 了。

Di manakah saya boleh melanjutkan tempoh sah pasport saya?

yán cháng hù zhào yǒu xiào qī zài nǎ lǐ bàn lǐ ne
延 长 护 照 有 效 期 在 哪 里 办 理 呢?

Saya ingin melanjutkan tempoh sah pasport saya selama dua tahun.

wǒ xiǎng bǎ wǒ de hù zhào yǒu xiào qī yán cháng liǎng nián
我 想 把 我 的 护 照 有 效 期 延 长 两 年。

Tempoh sah pasport saya telah dilanjutkan sehingga 5hb. Mei, tahun 2024.

wǒ de hù zhào yǒu xiào qī yǐ jīng yán cháng dào nián yuè rì
我 的 护 照 有 效 期 已 经 延 长 到 2024 年 5 月 5 日。

Saya sudah menyelesaikan prosedur permohonan pelanjutan tempoh sah

pasport untuk 2 tahun di pejabat konsulat.

wǒ yǐ zài lǐng shì guǎn bàn hǎo le hù zhào yán qī liǎng nián de shǒu xù
我 已 在 领 事 馆 办 好 了 护 照 延 期 两 年 的 手 续。

Imigresen

biān jiǎn
边 检

Polis imigresen

Sila tunjukkan pasport tuan/puan.

qǐng chū shì nín de hù zhào
请 出 示 您 的 护 照 。

Sudahkah tuan/puan mengisi kad ketibaan?

nín tián xiě rù jìng kǎ le ma
您 填 写 入 境 卡 了 吗？

Tuan/Puan harus menunjukkan pasport apabila menerima pemeriksaan
imigresen.

guò biān jiǎn shí nín yīng chū shì hù zhào
过 边 检 时，您 应 出 示 护 照 。

Adakah tuan/puan mempunyai sijil vaksin antarabangsa?

nín yǒu guó jì yù fáng jiē zhòng zhèng míng ma
您 有 国 际 预 防 接 种 证 明 吗？

Baik, tuan/puan boleh masuk.

hǎo nín kě yǐ rù jìng le
好 ， 您 可 以 入 境 了 。

Orang yang masuk sempadan

Inilah permohonan ketibaan kami.

zhè shì wǒ men de rù jìng shēn qǐng shū
这 是 我 们 的 入 境 申 请 书 。

Kami datang melawat atas jemputan Universiti Kebangsaan Malaysia.

wǒ men shì yìng mǎ lái xī yà guó lì dà xué de yāo qǐng lái fǎng wèn de
我 们 是 应 马 来 西 亚 国 立 大 学 的 邀 请 来 访 问 的 。

Saya datang ke Malaysia untuk belajar.

wǒ lái mǎ lái xī yà liú xué
我 来 马 来 西 亚 留 学 。

Saya datang ke Universiti Kebangsaan Malaysia untuk belajar bahasa
Melayu.

wǒ lái mǎ lái xī yà guó lì dà xué xué xí mǎ lái yǔ
我 来 马 来 西 亚 国 立 大 学 学 习 马 来 语 。

Melalui pemeriksaan kastam

guò hǎi guān
过 海 关

Pegawai kastam

海 关 官 员

Pasport/Visa tuan/puan tidak sah kerana sudah tamat tempoh.

nín de hù zhào　qiān zhèng guò qī le　　yǐ jīng shī xiào le
您 的 护 照 / 签 证 过 期 了，已 经 失 效 了。

Apakah yang perlu tuan/puan isytihar?

nín yǒu shén me xū yào shēn bào de ma
您 有 什 么 需 要 申 报 的 吗？

Apakah yang perlu tuan/puan bayar cukai?

nín yǒu shén me yào shàng shuì de ma
您 有 什 么 要 上 税 的 吗？

Inilah borang pengisytiharan kastam. Sila isi dahulu dan tunggu
pemeriksaan kemudian.

zhè shì hǎi guān shēn bào biǎo　　qǐng nín xiān tián hǎo　　rán hòu děng dài jiǎn
这 是 海 关 申 报 表， 请 您 先 填 好， 然 后 等 待 检
chá
查。

Tuan/Puan hanya perlu mengisi item yang disenaraikan dalam borang
pengisytiharan.

nín zhǐ xū yào tián xiě shēn bào biǎo shang liè chū de wù pǐn
您 只 需 要 填 写 申 报 表 上 列 出 的 物 品。

Semua barang bercukai perlu diisytiharkan.

suǒ yǒu shàng shuì wù pǐn dōu yīng gāi shēn bào
所 有 上 税 物 品 都 应 该 申 报。

Berapakah buah bagasi yang tuan/puan ada?

nín yǒu duō shao jiàn xíng li
您 有 多 少 件 行 李？

Apakah yang ada di dalam bagasi tuan/puan?

nín de xíng li dōu yǒu xiē shén me
您 的 行 李 都 有 些 什 么？

Sila buka kotak ini.

qǐng dǎ kāi zhè zhī xiāng zi
请 打 开 这 只 箱 子。

Ini bebas cukai.

zhè shì miǎn shuì de
这 是 免 税 的。

Mengikut peraturan, tuan/puan perlu membayar cukai untuk instrumen ini.

àn guī dìng zhè tái yí qì yào shàng shuì
按 规 定 ， 这 台 仪 器 要 上 税。

Dua botol wain boleh dibawa masuk tanpa cukai.

kě yǐ miǎn shuì xié dài liǎng píng jiǔ rù jìng
可 以 免 税 携 带 两 瓶 酒 入 境。

Adakah tuan/puan mempunyai mata wang asing?

nín yǒu wài bì ma
您 有 外 币 吗？

Ini adalah kontraban dan akan disita.

zhè xiē shì wéi jìn pǐn yào mò shōu
这 些 是 违 禁 品 ， 要 没 收。

Jangan cuba melarikan cukai.

bù dé yǒu yì táo shuì
不 得 有 意 逃 税！

Adakah tuan/puan mempunyai invois untuk kamera ini?

nín yǒu zhè bù xiàng jī de fā piào ma
您 有 这 部 相 机 的 发 票 吗？

Barang ini ialah barang tiruan. Di manakah tuan/puan membelinya?

zhè jiàn wù pǐn shì yàn pǐn nín zài nǎr mǎi de
这 件 物 品 是 赝 品。 您 在 哪 儿 买 的？

Baik, boleh lalu.

hǎo kě yǐ tōng guò le
好 ， 可 以 通 过 了。

Orang yang masuk sempadan

入 境 者

Pasport kami telah diperiksa.
wǒ men de hù zhào yǐ jīng jiǎn guò le
我 们 的 护 照 已 经 检 过 了。

Saya tiada apa-apa untuk diisytiharkan.
wǒ méi yǒu shén me yào shēn bào de
我 没 有 什 么 要 申 报 的。

Ini pakaian peribadi/barangan peribadi saya.
zhè shì wǒ de gè rén yī wù   gè rén wù pǐn
这 是 我 的 个 人 衣 物 / 个 人 物 品。

Adakah semua barang saya perlu disenaraikan?
wǒ de suǒ yǒu wù pǐn dōu yào liè chū lái ma
我 的 所 有 物 品 都 要 列 出 来 吗?

Apakah barang yang bebas cukai?
nǎ xiē wù pǐn shì miǎn shuì de
哪 些 物 品 是 免 税 的?

Apakah yang boleh saya bawa tanpa cukai?
wǒ kě yǐ miǎn shuì dài shén me
我 可 以 免 税 带 什 么?

Adakah ini dikenakan cukai?
zhè ge yào shàng shuì ma
这 个 要 上 税 吗?

Berapakah cukai kastam perlu saya bayar?
wǒ yīng fù duō shao guān shuì
我 应 付 多 少 关 税?

Berapa banyakkah wang tunai yang boleh saya bawa?
wǒ kě yǐ dài duō shao xiàn jīn
我 可 以 带 多 少 现 金?

Memohon permit kediaman

shēn qǐng jū liú zhèng
申 请 居 留 证

Pemohon

申 请 者

Saya ingin memohon permit kediaman. Mohon bertanya, di manakah untuk memohon?

wǒ xiǎng shēn qǐng jū liú zhèng　qǐng wèn zài nǎr　bàn lǐ
我 想 申 请 居 留 证 。 请 问 在 哪 儿 办 理？

Apakah dokumen yang perlu saya sediakan semasa memohon permit kediaman buat kali pertama?

chū cì shēn qǐng jū liú zhèng yīng tí gōng nǎ xiē zhèng jiàn
初 次 申 请 居 留 证 应 提 供 哪 些 证 件？

Ini adalah perakuan pendaftaran dan bukti penginapan saya di Universiti Kebangsaan Malaysia, dan perakuan insurans sosial di Kuala Lumpur.

zhè shì wǒ zài mǎ lái xī yà guó lì dà xué de zhù cè　zhù sù zhèng míng hé
这 是 我 在 马 来 西 亚 国 立 大 学 的 注 册 、 住 宿 证 明 和
zài jí lóng pō de shè huì bǎo xiǎn zhèng míng
在 吉 隆 坡 的 社 会 保 险 证 明 。

Di manakah saya boleh membuat pemeriksaan kesihatan untuk mendapatkan sijil kesihatan yang sah?

yào zài nǎr　tǐ jiǎn cái néng dé dào yǒu xiào de jiàn kāng zhèng míng
要 在 哪 儿 体 检 才 能 得 到 有 效 的 健 康 证 明？

Saya ingin melanjutkan permit kediaman saya selama 6 bulan.

wǒ xiǎng bǎ jū liú zhèng yǒu xiào qī yán cháng　gè yuè
我 想 把 居 留 证 有 效 期 延 长 6 个 月 。

Pegawai

Tuan/Puan patut pergi ke Jabatan Imigresen Malaysia untuk memohon permit kediaman.

shēn qǐng jū liú zhèng yào dào mǎ lái xī yà yí mín jú bàn lǐ
申 请 居 留 证 要 到 马 来 西 亚 移 民 局 办 理 。

Sila tunjukkan pasport tuan/puan.

qǐng chū shì nín de hù zhào
请 出 示 您 的 护 照 。

Adakah semua dokumen tuan/puan sudah lengkap?

nín de zhèng jiàn dōu bèi qí le ma
您 的 证 件 都 备 齐 了 吗 ?

Sudahkah tuan/puan membeli insurans sosial?

nín shì fǒu cān jiā le shè huì bǎo xiǎn
您 是 否 参 加 了 社 会 保 险 ?

Adakah tuan/puan mempunyai perakuan insurans sosial?

nín yǒu shè huì bǎo xiǎn zhèng míng ma
您 有 社 会 保 险 证 明 吗 ?

Tuan/Puan harus pergi ke hospital untuk pemeriksaan kesihatan.

nín yīng dào yī yuàn jiē shòu tǐ jiǎn
您 应 到 医 院 接 受 体 检 。

Tuan/Puan harus menyerahkan keputusan pemeriksaan kesihatan yang dikeluarkan oleh hospital.

nín yīng gāi tí gōng yī yuàn chū jù de tǐ jiǎn jié guǒ
您 应 该 提 供 医 院 出 具 的 体 检 结 果 。

Sila serahkan 3 keping gambar.

qǐng jiāo zhāng zhào piàn
请 交 3 张 照 片 。

Sila bayar cukai setem di sana.

qǐng dào nàr jiāo yìn huā shuì
请 到 那 儿 交 印 花 税 。

Ini adalah permit kediaman tuan/puan.

zhè shì nín de jū liú zhèng
这 是 您 的 居 留 证 。

Permohonan penggantian permit kediaman hendaklah dibuat dua bulan sebelum tarikh luput.

gēng huàn jū liú zhèng yīng zài qī mǎn qián liǎng gè yuè tí chū shēn qǐng
更 换 居 留 证 应 在 期 满 前 两 个 月 提 出 申 请 。

Pengangkutan

jiāo tōng yùn shū
交 通 运 输

Menaiki pesawat

chéng fēi jī
乘 飞 机

Penumpang

Saya mahu membeli tiket penerbangan pada hari Ahad ke Nanning.

wǒ xiǎng mǎi yī zhāng xīng qī tiān qù nán níng de jī piào
我 想 买 一 张 星 期 天 去 南 宁 的 机 票 。

Saya ingin menempah dua tiket penerbangan dari Kuala Lumpur ke Bangkok pada 18hb. Mei.

wǒ xiǎng dìng liǎng zhāng yuè rì jí lóng pō dào màn gǔ de jī piào
我 想 订 两 张 5月18日吉 隆 坡 到 曼 谷 的 机 票 。

Helo, Pusat Jualan Tiket Malaysia Airlines? Saya ingin menempah tiket penerbangan dari Kuala Lumpur ke Pulau Pinang pada 8hb. Ogos.

wèi qǐng wèn shì mǎ lái xī yà háng kōng shòu piào zhōng xīn ma wǒ yào
喂 ， 请 问 是 马 来 西 亚 航 空 售 票 中 心 吗 ？ 我 要
dìng yī zhāng yuè rì jí lóng pō zhì bīn chéng de fēi jī piào
订 一 张 8月8日吉 隆 坡 至 槟 城 的 飞 机 票 。

Berapakah harga tiket?

jī piào shì duō shao qián
机 票 是 多 少 钱 ？

Adakah tiket penerbangan ini mempunyai diskaun?

zhè tàng háng bān yǒu tè jià piào ma
这 趟 航 班 有 特 价 票 吗 ？

Saya terpaksa menangguhkan tarikh perlepasan.

wǒ děi tuī chí chū fā rì qī

我 得 推 迟 出 发 日 期 。

Saya ingin menukar tarikh perlepasan.

wǒ xiǎng biàn gēng chū fā rì qī

我 想 变 更 出 发 日 期 。

Saya ingin membatalkan tempahan saya.

wǒ yào qǔ xiāo dìng piào

我 要 取 消 订 票 。

Adakah terdapatnya penerbangan dari Kuala Lumpur ke Kota Kinabalu?

yǒu jí lóng pō dào yà bì de háng bān ma

有 吉 隆 坡 到 亚 庇 的 航 班 吗 ？

Adakah pesawat transit di Johor Bahru?

fēi jī zài xīn shān jīng tíng ma

飞 机 在 新 山 经 停 吗 ？

Pukul berapakah saya harus tiba di lapangan terbang?

wǒ yīng zài jǐ diǎn dào dá jī chǎng

我 应 在 几 点 到 达 机 场 ？

Mari kita mula mendaftar masuk bagasi.

wǒ men qù tuō yùn xíng li

我 们 去 托 运 行 李 。

Berapakah kilogram bagasi berdaftar percuma untuk setiap penumpang?

měi yī wèi chéng kè kě yǐ miǎn fèi tuō yùn duō shao qiān kè xíng li

每 一 位 乘 客 可 以 免 费 托 运 多 少 千 克 行 李 ？

Berapakah yang perlu dibayar untuk bagasi lebihan?

chāo zhòng xíng li yào fù duō shao qián

超 重 行 李 要 付 多 少 钱 ？

Bolehkah bagasi saya disimpan di tempat simpanan bagasi?

wǒ de xíng li kě yǐ cún fàng zài bǎo guǎn chù ma

我 的 行 李 可 以 存 放 在 保 管 处 吗 ？

Di manakah tempat simpanan bagasi?

xíng li bǎo guǎn chù zài nǎr

行 李 保 管 处 在 哪 儿 ？

Saya mahu tempat duduk tepi tingkap/lorong.

wǒ yào yī gè kào chuāng guò dào de zuò wèi
我 要 一 个 靠 窗 / 过 道 的 座 位。

Dari pintu manakah boleh menaiki pesawat?

cóng nǎ ge mén dēng jī
从 哪 个 门 登 机？

Pukul berapakah pesawat berlepas/mendarat?

fēi jī jǐ diǎn qǐ fēi zhuó lù
飞 机 几 点 起 飞 / 着 陆？

Saya mabuk udara.

wǒ yùn jī
我 晕 机。

Saya pergi ke karusel bagasi untuk mengambil bagasi.

wǒ qù xíng li chuán sòng dài qǔ xíng li
我 去 行 李 传 送 带 取 行 李。

Saya kehilangan sebuah beg, tolong carikan. Beg itu beg kulit hitam. Ada nama saya pada beg itu.

wǒ shǎo le yī gè bāo láo jià nǐ zhǎo yī xià nà shì yī gè hēi sè pí bāo
我 少 了 一 个 包，劳 驾 你 找 一 下。那 是 一 个 黑 色 皮 包，
shàng miàn yǒu wǒ de míng zi
上 面 有 我 的 名 字。

Kakitangan

职 员

Penerbangan 505 sudah tiada kekosongan.

háng bān yǐ jīng méi yǒu zuò wèi le
505 航 班 已 经 没 有 座 位 了。

Adakah tuan/puan ingin membeli tiket sehala atau tiket pergi balik?

nín xiǎng mǎi dān chéng piào hái shi wǎng fǎn piào
您 想 买 单 程 票 还 是 往 返 票？

Tiket perlu ditempah 3 hari sebelum berlepas.

yīng zài chū fā qián tí qián tiān dìng piào
应 在 出 发 前 提 前 3 天 订 票。

Transit di Johor Bahru.

zài xīn shān yào zhōng zhuǎn
在 新 山 要 中 转 。

Tuan/Puan perlu tiba di lapangan terbang 1 jam sebelum berlepas.

nín yīng zài qǐ fēi qián xiǎo shí dào dá jī chǎng
您 应 在 起 飞 前 1 小 时 到 达 机 场 。

Bagasi berdaftar sehingga 20kg boleh dibawa naik pesawat. Bagasi yang melebihi had berat akan dikenakan bayaran sebanyak USD× bagi setiap kilogram.

chéng zuò fēi jī kě yǐ xié dài qiān kè xíng li ruò chāo zhòng měi qiān
乘 坐 飞 机 可 以 携 带 20 千 克 行 李 。 若 超 重 ， 每 千
kè yīng fù měi yuán
克 应 付 × 美 元 。

Sila timbang bagasi tuan/puan di penimbang.

qǐng bǎ xíng li fàng zài bàng shang guò bàng
请 把 行 李 放 在 磅 上 过 磅 。

Tempat simpanan bagasi di sana.

xíng li bǎo guǎn chù zài nà lǐ
行 李 保 管 处 在 那 里 。

Ini adalah pas masuk dan tag bagasi tuan/puan.

zhè shì nín de dēng jī pái hé xíng li tuō yùn dān
这 是 您 的 登 机 牌 和 行 李 托 运 单 。

Sila tunjukkan pas masuk tuan/puan.

qǐng chū shì dēng jī pái
请 出 示 登 机 牌 。

Tuan/Puan harus tunjukkan tag bagasi di pintu keluar.

nín yīng zài chū kǒu chù chū shì xíng li tuō yùn dān
您 应 在 出 口 处 出 示 行 李 托 运 单 。

Siaran pembesar suara
 喇叭广播

Sila ambil perhatian bahawa penumpang yang mengambil penerbangan Malaysia Airlines ke Nanning, sila pergi ke ruang menunggu dengan segera untuk menaiki pesawat.

qǐng zhù yì   chéng zuò mǎ lái xī yà háng kōng qián wǎng nán níng de lǚ kè
请 注 意， 乘 坐 马 来 西 亚 航 空 前 往 南 宁 的 旅 客
qǐng mǎ shàng dào hòu jī tīng dēng jī
请 马 上 到 候 机 厅 登 机 。

Penerbangan ke Johor Bahru tertunda dua jam disebabkan oleh kerosakan mesin.

qián wǎng xīn shān de háng bān yīn jī qì gù zhàng tuī chí liǎng gè xiǎo shí qǐ
前 往 新 山 的 航 班 因 机 器 故 障 推 迟 两 个 小 时 起
fēi
飞 。

Penerbangan ke Pulau Pinang dibatalkan kerana cuaca buruk.

qù bīn chéng de háng bān yīn tiān qì yuán yīn bèi qǔ xiāo le
去 槟 城 的 航 班 因 天 气 原 因 被 取 消 了 。

Pramugari
 空姐

Kapal terbang akan berlepas/mendarat. Sila pasangkan tali pinggang keledar anda.

fēi jī jiù yào qǐ fēi jiàng luò le   qǐng jì hǎo ān quán dài
飞 机 就 要 起 飞 / 降 落 了， 请 系 好 安 全 带 。

Sila lipat meja makan.

qǐng shōu qǐ xiǎo zhuō bǎn
请 收 起 小 桌 板 。

Sila tegakkan tempat duduk anda.

qǐng bǎ zuò yǐ tiáo huí yuán yàng
请 把 座 椅 调 回 原 样 。

Kosa kata

补·充·词·汇

Hanoi 河内	Phnom Penh 金边
Manila 马尼拉	Jakarta 雅加达
Yangon 仰光	Pyongyang 平壤
India 印度	New Delhi 新德里
Amerika Syarikat 美国	New York 纽约
Washington 华盛顿	Rusia 俄罗斯
Perancis 法国	Paris 巴黎
Shanghai 上海	Guangzhou 广州
Beijing 北京	Hongkong 香港

Menaiki bas
chéng gōng gòng qì chē
乘 公 共 汽 车

Penumpang

乘 客

Adakah bas × ke Universiti Kebangsaan Malaysia?
qù mǎ lái xī yà guó lì dà xué shì chéng　lù gōng gòng qì chē ma
去 马 来 西 亚 国 立 大 学 是 乘 × 路 公 共 汽 车 吗？

Mohon bertanya, di manakah stesen bas ×?
qǐng wèn　lù gōng gòng qì chē zhàn zài nǎr
请 问 × 路 公 共 汽 车 站 在 哪 儿？

Adakah mudah untuk naik bas di Kuala Lumpur?
zài jí lóng pō chéng gōng gòng qì chē fāng biàn ma
在 吉 隆 坡 乘 公 共 汽 车 方 便 吗？

Di stesen manakah patut saya turun kalau hendak ke Masjid Negara?
qù guó jiā qīng zhēn sì yīng zài nǎr　xià chē
去 国 家 清 真 寺 应 在 哪 儿 下 车？

Bas yang mana satu pergi ke Muzium Negara?

qù guó jiā bó wù guǎn chéng nǎ lù gōng gòng qì chē
去 国 家 博 物 馆 乘 哪 路 公 共 汽 车？

Saya mahu membeli satu tiket.

wǒ yào mǎi yī zhāng chē piào
我 要 买 一 张 车 票。

Saya mahu turun.

wǒ yào xià chē
我 要 下 车。

Tolong buka pintu.

qǐng kāi mén
请 开 门。

Menjawab

 答

Boleh naik bas A atau B ke Universiti Kebangsaan Malaysia.

qù mǎ lái xī yà guó lì dà xué chéng lù huò lù gōng gòng qì chē
去 马 来 西 亚 国 立 大 学 乘 A 路 或 B 路 公 共 汽 车。

Stesen bas ✕ terletak di sebelah Pasar Kerinchi.

lù gōng gòng qì chē zhàn jiù zài gé líng zhī shì chǎng páng biān
✕ 路 公 共 汽 车 站 就 在 格 灵 芝 市 场 旁 边。

Sangat mudah untuk menaiki bas di Kuala Lumpur. Terdapat perhentian

bas di sebelah Pasar Seni.

zài jí lóng pō chéng zuò gōng gòng qì chē hái shi hěn fāng biàn de zhōng yāng
在 吉 隆 坡 乘 坐 公 共 汽 车 还 是 很 方 便 的。 中 央
yì shù fāng páng biān jiù yǒu yī gè gōng gòng qì chē zhàn
艺 术 坊 旁 边 就 有 一 个 公 共 汽 车 站。

Sila turun di stesen Masjid Negara.

qǐng zài guó jiā qīng zhēn sì zhàn xià chē
请 在 国 家 清 真 寺 站 下 车。

Boleh naik bas ke Ampang Jaya untuk pergi ke Muzium Negara.

qù guó jiā bó wù guǎn yīng chéng zuò qù ān bāng zài yě de gōng gòng qì chē
去 国 家 博 物 馆 应 乘 坐 去 安 邦 再 也 的 公 共 汽 车。

Menaiki teksi

chéng chū zū chē
乘 出 租 车

Penumpang

Di manakah perhentian teksi?

chū zū qì chē zhàn zài nǎr
出 租 汽 车 站 在 哪 儿 ?

Tolong hantar saya ke Kedutaan China. Saya ada urusan kecemasan.

qǐng bǎ wǒ sòng dào zhōng guó dà shǐ guǎn   wǒ yǒu jí shì
请 把 我 送 到 中 国 大 使 馆 ， 我 有 急 事 。

Teksi, saya mahu pergi ke Universiti Malaya.

chū zū chē   wǒ yào qù mǎ lái yà dà xué
出 租 车 ， 我 要 去 马 来 亚 大 学 。

Syarikat ini terletak berdekatan dengan KLCC.

zhè jiā gōng sī wèi yú jí lóng pō chéng zhōng chéng fù jìn
这 家 公 司 位 于 吉 隆 坡 城 中 城 附 近 。

Tolong masukkan bagasi ke dalam but.

qǐng bāng máng bǎ xíng li fàng jìn hòu bèi xiāng
请 帮 忙 把 行 李 放 进 后 备 箱 。

Jangan pandu terlalu laju.

bié kāi tài kuài
别 开 太 快 。

Berhenti, saya turun di sini.

tíng xià lái   wǒ zài zhèr   xià chē
停 下 来 ， 我 在 这 儿 下 车 。

Berapakah tambang bagi setiap kilometer?

jià gé shì měi qiān mǐ duō shao qián
价 格 是 每 千 米 多 少 钱 ?

Berapakah yang perlu saya bayar?

wǒ yīng fù duō shao qián
我 应 付 多 少 钱？

Pemandu

 司 机

Tuan/Puan mahu pergi ke mana?

nín yào dào nǎr qù
您 要 到 哪 儿 去？

Apakah nombor rumah?

mén pái hào shì duō shao
门 牌 号 是 多 少 ？

Harga ditunjukkan pada meter teksi.

jià gé zài jì fèi biǎo shang xiǎn shì
价 格 在 计 费 表 上 显 示 。

Kosa kata

 补 充 词 汇

jalan 道路，街道，马路

jalan raya 公路

lebuh raya 高速公路

jalan bercabang 岔路

simpang jalan 十字路口，岔口

jalan pintas 捷径

lampu merah 红灯

lampu hijau 绿灯

bas antara bandar 长途汽车

kereta berhud 敞篷车

trak pikap 皮卡车

lori 载货卡车

kereta 轿车

kereta api 火车

motosikal 摩托车

motosikal roda tiga 三轮摩托车

beca 三轮车

basikal 自行车

Melaka 马六甲

Johor 柔佛

Lebuhraya Utara Selatan 南北大道

Laluan Rel Pantai Timur 东海岸铁路

Jambatan Pulau Pinang 槟城大桥

 89

Pos dan telekomunikasi

yóu   diàn
邮 电

Di pejabat pos

zài yóu zhèng zhōng xīn
在 邮 政 中 心

Pelanggan

 顾 客

Pukul berapakah pejabat pos buka/tutup?

yóu zhèng zhōng xīn jǐ diǎn zhōng kāi mén guān mén
邮 政 中 心几点 钟 开门 / 关 门？

Berapakah harga setem untuk mengirim surat ke Kuala Lumpur?

jì yī fēng xìn dào jí lóng pō yào tiē duō shao qián de yóu piào
寄一封信到吉隆坡要贴多少 钱 的邮票？

Saya ingin mengirim surat berdaftar.

wǒ xiǎng jì yī fēng guà hào xìn
我 想 寄一封 挂 号 信。

Saya ingin mengirim dengan pos laju.

wǒ xiǎng jì kuài jiàn
我 想 寄 快 件。

Bolehkah bungkusan ini dihantar sebagai cetakan?

zhè jiàn bāo guǒ kě yǐ dàng yìn shuā pǐn jì ma
这件包裹可以 当 印 刷 品寄吗？

Adakah setem peringatan dijual di sini?

zhè lǐ yǒu jì niàn yóu piào mài ma
这里有纪念邮票卖吗？

Saya ingin membeli setem bernilai RM 2.10.

wǒ yào mǎi   lín jí tè   xiān de yóu piào
我 要 买 2 林 吉 特 10 仙 的 邮 票 。

Di manakah letaknya peti surat?

yóu tǒng zài nǎr
邮 筒 在 哪 儿?

Kaunter yang manakah menghantar kiriman bungkusan?

jì bāo guǒ zài nǎ ge chuāng kǒu
寄 包 裹 在 哪 个 窗 口?

Berapakah kos untuk mengirim bungkusan ke luar negara melalui darat/

udara?

jì wǎng guó wài de lù lù   háng kōng bāo guǒ de yóu fèi shì duō shao qián
寄 往 国 外 的 陆 路 / 航 空 包 裹 的 邮 费 是 多 少 钱 ?

Berapakah berat maksimum yang boleh dihantar?

zuì duō néng jì duō zhòng de wù pǐn
最 多 能 寄 多 重 的 物 品?

Di manakah saya boleh menguruskan pengisytiharan kastam untuk

bungkusan?

zài nǎr   bàn lǐ bāo guǒ bào guān shǒu xù
在 哪 儿 办 理 包 裹 报 关 手 续?

Tolong bantu saya hantar RMB 2000.

qǐng bāng wǒ huì   yuán
请 帮 我 汇 2000 元 。

Saya ingin menghantar kiriman wang ini.

wǒ yào jì zhè zhāng huì kuǎn dān
我 要 寄 这 张 汇 款 单 。

Saya ingin mengeluarkan duit untuk kiriman wang ini.

wǒ yào lǐng zhè zhāng huì kuǎn dān de qián
我 要 领 这 张 汇 款 单 的 钱 。

Kakitangan
 职员

Pejabat pos dibuka pada pukul 9 pagi dan ditutup pada pukul 6 petang.

yóu zhèng zhōng xīn shàng wǔ diǎn kāi mén xià wǔ diǎn guān mén
邮 政 中 心 上 午9点 开 门 ，下 午6点 关 门 。

Pengiriman surat ke Kuala Lumpur memerlukan setem yang bernilai RMB ×.

jì yī fēng xìn dào jí lóng pō yào tiē yuán de yóu piào
寄 一 封 信 到 吉 隆 坡 要 贴 × 元 的 邮 票 。

Tuan/Puan boleh menghantar surat biasa/surat udara/surat berdaftar.

nín kě yǐ jì píng xìn háng kōng xìn guà hào xìn
您 可 以 寄 平 信 / 航 空 信 / 挂 号 信 。

Buku dan surat khabar boleh dihantar sebagai cetakan.

shū hé bào zhǐ kě yǐ dàng yìn shuā pǐn jì
书 和 报 纸 可 以 当 印 刷 品 寄 。

Setem peringatan boleh dibeli di pejabat pos.

jì niàn yóu piào kě yǐ dào yóu jú mǎi
纪 念 邮 票 可 以 到 邮 局 买 。

Peti surat terletak di sebelah kiri pintu.

yóu tǒng zài mén kǒu zuǒ bian
邮 筒 在 门 口 左 边 。

Penghantaran bungkusan boleh dilakukan di kaunter ketiga.

jì bāo guǒ zài dì sān gè chuāng kǒu
寄 包 裹 在 第 三 个 窗 口 。

Apakah yang ada di dalam bungkusan?

bāo guǒ li zhuāng de shì shén me
包 裹 里 装 的 是 什 么 ？

Sila lengkapkan borang pengisytiharan ini.

qǐng tián xiě zhè zhāng bāo guǒ shēn bào biǎo
请 填 写 这 张 包 裹 申 报 表 。

Minta kad pengenalan tuan/puan.

qǐng tí gōng nín de shēn fèn zhèng
请 提 供 您 的 身 份 证 。

Hadiah tuan/puan tidak perlu dibungkus.

nín de lǐ pǐn bù bì bāo zhuāng
您 的 礼 品 不 必 包 装 。

Kosa kata

补 充 词 汇

kotak surat 信箱

posmen 邮递员

pindahan bertelegraf 电汇

sampul surat 信封

penerima surat 收信人

tulis nama dan alamat penerima pada sampul surat
在信封上写收信人的名字和地址

pengirim surat 寄信人

surat ekspres 快信

pindahan mel 信汇

pindahan wang 汇款

teleks 电传

faks 传真

bungkusan pos 邮政信袋

kertas surat 信纸

surat cara boleh niaga 汇票

bilik mel 收发室

kereta pos 邮政车

Telefon

diàn huà
电 话

Menelefon

打 电 话

Helo, saya Zhang Li. Bolehkah saya bercakap dengan Encik Ali?

nín hǎo　wǒ shì zhāng lì　kě yǐ gēn ā lǐ xiān sheng tōng huà ma
您 好 , 我 是 张 莉 。可 以 跟 阿 里 先 生 通 话 吗 ?

Helo, adakah ini rumah Encik Ali?

nín hǎo　shì ā lǐ xiān sheng jiā ma
您 好 , 是 阿 里 先 生 家 吗 ?

Helo, adakah ini Hotel ××? Tolong sambungkan panggilan ini ke bilik 218.

nín hǎo shì bīn guǎn ma qǐng zhuǎn hào fáng
您 好 ，是 ×× 宾 馆 吗 ？ 请 转 218 号 房 。

Helo, saya mahu bercakap dengan Encik Ali.

nín hǎo wǒ xiǎng hé ā lǐ xiān sheng tōng huà
您 好 ，我 想 和 阿里 先 生 通 话 。

Helo, adakah Encik Ali di sana?

nín hǎo shì ā lǐ xiān sheng ma
您 好 ，是 阿里 先 生 吗 ？

Menjawab telefon

 接 电 话

Helo, ini pejabat syarikat ××.

wèi zhè lǐ shì gōng sī bàn gōng shì
喂 ，这 里 是 ×× 公 司 办 公 室 。

Helo, saya Ali.

wèi wǒ shì ā lǐ
喂 ，我 是 阿里 。

Helo, bolehkah saya tahu dengan siapa saya bercakap?

wèi nín shì nǎ yī wèi
喂 ，您 是 哪 一 位 ？

Jangan letak telefon. Saya akan sambungkan untuk tuan/puan.

bié guà diàn huà wǒ gěi nín zhuǎn guò qù
别 挂 电 话 ，我 给 您 转 过 去 。

Tunggu sebentar. Saya akan sambungkan panggilan kepada dia.

děng yī huìr wǒ zhuǎn gěi tā
等 一 会 儿 ，我 转 给 他 。

Apa halnya?

yǒu shén me shì
有 什 么 事 ？

Panggilan telefon kepada dia tidak dijawab.

tā de diàn huà méi rén jiē
他 的 电 话 没 人 接 。

Talian telefonnya sibuk. Sila telefon semula sebentar lagi.

tā de diàn huà zhàn xiàn   qǐng děng yī xià zài dǎ guò lái
他 的 电 话 占 线 ， 请 等 一 下 再 打 过 来 。

Dia tidak ada di sini.

tā bù zài
他 不 在 。

Dia sedang bermesyuarat/bercuti/bertugas di luar.

tā zhèng zài kāi huì   xiū jià   chū chāi
他 正 在 开 会 / 休 假 / 出 差 。

Dia sedang menjawab telefon. Bolehkah telefon semula sebentar lagi?

tā zhèng zài jiē diàn huà   děng yī huìr   zài dǎ lái   hǎo ma
他 正 在 接 电 话 。 等 一 会 儿 再 打 来 ， 好 吗 ？

Adakah tuan/puan mahu meninggalkan pesanan kepada dia?

nín yào bù yào gěi tā liú yán
您 要 不 要 给 他 留 言 ？

Ayat-ayat lain yang sentiasa digunakan

Adakah terdapatnya telefon di sini?

zhè lǐ yǒu diàn huà ma
这 里 有 电 话 吗 ？

Adakah kamu mempunyai kad telefon?

nǐ yǒu diàn huà kǎ ma
你 有 电 话 卡 吗 ？

Bolehkah saya pinjam telefon tuan/puan untuk membuat panggilan?

wǒ néng jiè nín de diàn huà dǎ yī xià ma
我 能 借 您 的 电 话 打 一 下 吗 ？

Buat panggilan tempatan atau asing?

shì dǎ běn dì hái shi wài dì de diàn huà
是 打 本 地 还 是 外 地 的 电 话 ？

Untuk panggilan di dalam bandar ini, dail nombor telefon terus.

yào shi dǎ běn shì de jiù zhí jiē bō nín yào dǎ de diàn huà hào mǎ
要 是 打 本 市 的 就 直 接 拨 您 要 打 的 电 话 号 码 。

Untuk panggilan ke luar bandar ini, dail 0 dahulu, diikuti nombor telefon.

yào shi dǎ wài dì de xiān bō　　rán hòu zài bō duì fāng de diàn huà hào mǎ
要 是 打 外 地 的 先 拨 0，然 后 再 拨 对 方 的 电 话 号 码。

Ali, ada panggilan untuk kamu.

ā lǐ　　yǒu nǐ de diàn huà
阿 里 ， 有 你 的 电 话。

Saya sedang menunggu panggilan.

wǒ zài děng diàn huà
我 在 等 电 话。

Saya bercakap dengan Encik Ali melalui telefon sebentar tadi.

gāng cái wǒ yǔ ā lǐ xiān sheng tōng guo diàn huà le
刚 才 我 与 阿 里 先 生 通 过 电 话 了。

Saya sudah mendapat panggilan daripada Encik Ali.

wǒ jiē dào ā lǐ xiān sheng de diàn huà le
我 接 到 阿 里 先 生 的 电 话 了。

Saya tidak dapat menghubungi kamu melalui telefon.

wǒ dǎ bù tōng nǐ de diàn huà
我 打 不 通 你 的 电 话。

Kamu boleh menghubungi saya melalui telefon pada bila-bila masa.

nǐ kě yǐ suí shí dǎ wǒ de diàn huà
你 可 以 随 时 打 我 的 电 话。

Kamu salah nombor agaknya.

wǒ xiǎng nǐ shì nòng cuò hào mǎ le
我 想 你 是 弄 错 号 码 了。

Kamu silap nombor.

nǐ bō cuò hào mǎ le
你 拨 错 号 码 了。

Di bank

zài yín háng
在 银 行

Pertukaran mata wang asing
duì huàn wài bì
兑 换 外 币

Pelanggan

顾 客

Mohon bertanya, di manakah saya boleh menukar mata wang asing?
qǐng wèn nǎr   kě yǐ duì huàn wài bì
请 问 哪 儿 可 以 兑 换 外 币？

Saya ingin menukar Ringgit Malaysia kepada Dolar Amerika Syarikat/ paun sterling/Euro.
wǒ xiǎng bǎ lín jí tè duì huàn chéng měi yuán   yīng bàng   ōu yuán
我 想 把 林 吉 特 兑 换 成 美 元 / 英 镑 / 欧 元 。

Saya ingin menukar RMB kepada Ringgit Malaysia.
wǒ xiǎng bǎ rén mín bì duì huàn chéng lín jí tè
我 想 把 人 民 币 兑 换 成 林 吉 特 。

Bolehkah Ringgit Malaysia ditukar kepada mata wang asing?
lín jí tè néng duì huàn chéng wài bì ma
林 吉 特 能 兑 换 成 外 币 吗？

Apakah kadar pertukaran antara Dolar Amerika Syarikat dengan Ringgit Malaysia hari ini?
jīn tiān měi yuán hé lín jí tè de huì lù shì duō shao
今 天 美 元 和 林 吉 特 的 汇 率 是 多 少？

Apakah kadar pertukaran untuk Euro kepada Dolar Amerika Syarikat?

ōu yuán duì huàn měi yuán de huì lǜ shì duō shao
欧 元 兑 换 美 元 的 汇率 是 多 少？

Di manakah kadar pertukaran dipamerkan?

pái jià gōng bù zài nǎr
牌 价 公 布 在 哪 儿？

Adakah kadar pertukaran masih kekal sama untuk beberapa hari ini?

zhè jǐ tiān de huì lǜ hái shi wéi chí yuán yàng ma
这 几 天 的 汇率 还 是 维 持 原 样 吗？

Kakitangan

 职 员

Apakah mata wang asing yang tuan/puan punyai?

nín chí yǒu hé zhǒng wài bì
您 持 有 何 种 外 币？

Tuan/Puan mempunyai wang tunai atau cek?

nín chí yǒu xiàn jīn hái shi zhī piào
您 持 有 现 金 还 是 支 票？

Berapa banyakkah yang tuan/puan ingin tukar?

nín xiǎng yào huàn duō shao
您 想 要 换 多 少？

Jual atau beli?

shì mài chū hái shi mǎi jìn
是 卖 出 还 是 买 进？

Kadar pertukaran adalah USD 100 sama dengan RM 400.

huì lǜ shì   měi yuán huàn   lín jí tè
汇率 是 100 美 元   换 400 林 吉 特。

Kadar pertukaran Dolar Amerika Syarikat sudah menurun.

měi yuán de huì lǜ xià jiàng le
美 元 的 汇率 下 降 了。

Nilai Euro telah naik, dan EUR 1 sama dengan USD ×.

ōu yuán shēng zhí le   ōu yuán duì huàn   měi yuán
欧 元 升 值 了，1 欧 元 兑 换 × 美 元。

Deposit dan pengeluaran

cún qǔ kuǎn
存 取 款

Pelanggan

 客

Saya pergi ke Maybank untuk menyimpan wang/mengeluarkan wang.
wǒ qù mǎ lái yà yín háng cún qián qǔ qián
我 去 马 来 亚 银 行 存 钱 / 取 钱 。

Saya mahu menyimpan wang/mengeluarkan wang.
wǒ yào cún kuǎn qǔ kuǎn
我 要 存 款 / 取 款 。

Saya ingin membuka akaun.
wǒ xiǎng kāi yī gè zhàng hù
我 想 开 一 个 账 户 。

Perlukah sediakan permit kediaman dan kontrak sewa rumah?
xū yào tí gōng jū liú zhèng hé zū fáng hé tóng ma
需 要 提 供 居 留 证 和 租 房 合 同 吗 ？

Mohon bertanya, berapakah baki dalam akaun saya?
qǐng wèn wǒ zhàng shang de yú é shì duō shao
请 问 我 账 上 的 余 额 是 多 少 ？

Berapakah kadar faedah untuk simpanan tetap?
dìng qī cún kuǎn de lì lù shì duō shao
定 期 存 款 的 利率 是 多 少 ？

Saya ingin membuka akaun simpanan semasa.
wǒ xiǎng cún huó qī
我 想 存 活 期 。

Adakah faedah dikenakan cukai?
lì xī yào shàng shuì ma
利息 要 上 税 吗 ？

Saya ingin menutup akaun.
wǒ xiǎng xiāo hù
我 想 销 户 。

Jumlahnya betul, terima kasih.

shù mù duì le xiè xie
数目对了，谢谢。

Tolong tukarkan duit syiling ini kepada wang kertas.

qǐng bǎ zhè líng qián huàn chéng dà chāo
请把这零钱换成大钞？

Bolehkah tuan/puan beri saya 10 keping USD 10 dan 50 keping RM 100?

kě yǐ gěi wǒ zhāng měi yuán hé zhāng lín jí tè de piào zi ma
可以给我 10 张 10 美元和 50 张 100 林吉特的票子吗？

Saya ingin memohon sebuah buku cek.

wǒ xiǎng bàn yī běn zhī piào
我想办一本支票。

Saya telah kehabisan buku cek dan ingin memohon yang baharu.

wǒ de zhī piào běn yǐ jīng yòng wán le wǒ xiǎng bàn yī běn xīn de
我的支票本已经用完了，我想办一本新的。

Saya ingin tunaikan cek ini.

wǒ xiǎng duì xiàn zhè zhāng zhī piào
我想兑现这张支票。

Saya ingin pindahkan wang ke akaun di luar negara.

wǒ xiǎng bǎ yī bǐ kuǎn huì dào guó wài de yī gè zhàng hù
我想把一笔款汇到国外的一个账户。

Saya mahu melaporkan kehilangan kad kredit.

wǒ yào guà shī xìn yòng kǎ
我要挂失信用卡。

Kakitangan

职员

Adakah tuan/puan ingin membuka akaun simpanan tetap atau simpanan semasa?

nín xiǎng cún dìng qī hái shi huó qī
您想存定期还是活期？

Kadar faedah 3% setahun.

nián lì lù shì
年利率是 3%。

Ini adalah cek berpalang/kembara/luar/tempatan/tunai.

zhè shì yī zhāng huà xiàn　lǚ xíng／wài bù／běn bù／xiàn jīn zhī piào
这 是 一 张 划 线 / 旅 行 / 外 埠 / 本 埠 / 现 金 支 票 。

Sila isi borang ini.

qǐng nín tián xiě zhè zhāng biǎo gé
请 您 填 写 这 张 表 格 。

Turunkan tandatangan tuan/puan di sini.

zài cǐ qiān shàng nín de míng zi
在 此 签 上 您 的 名 字 。

Baik, inilah buku akaun tuan/puan. Jika berlakunya kehilangan, sila lapor
kepada kami.

hǎo le　zhè shì nín de cún zhé　ruò diū shī　qǐng xiàng wǒ men guà shī
好 了 , 这 是 您 的 存 折 。 若 丢 失 , 请 向 我 们 挂 失 。

Ini adalah wang pokok dan faedah pada akaun tuan/puan.

zhè shì nín zhàng hù li de běn jīn hé lì xī
这 是 您 账 户 里 的 本 金 和 利 息 。

Akaun tuan/puan telah overdraf.

nín de zhàng hù yǐ jīng tòu zhī le
您 的 账 户 已 经 透 支 了 。

Adakah tuan/puan masih ingat nombor cek ini?

nín jì de zhè zhāng zhī piào de hào mǎ ma
您 记 得 这 张 支 票 的 号 码 吗 ?

Tuan/Puan perlu menulis "dibayar" dan tarikh pada belakang cek dan
menurunkan tandatangan.

nín děi zài zhī piào bèi miàn xiě shàng　fù qì　zì yàng jí rì qī　bìng qiān
您 得 在 支 票 背 面 写 上 "付 讫"字 样 及 日 期 , 并 签
shàng míng zi
上 名 字 。

Sila pergi ke kaunter juruwang untuk mengambil wang.

qǐng dào chū nà chuāng kǒu qǔ qián
请 到 出 纳 窗 口 取 钱 。

Kosa kata

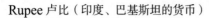

补充词汇

Rupee 卢比（印度、巴基斯坦的货币）

Rubel 卢布（俄罗斯的货币）　　　　Yen 日元

Dong Vietnam 越南盾　　　　　　　kadar cukai 税率

pasaran pertukaran asing 外汇市场

Insurans

bǎo xiǎn
保 险

Pelanggan

Mohon bertanya, di manakah letaknya syarikat insurans?
qǐng wèn bǎo xiǎn gōng sī zài nǎr
请 问 保 险 公 司 在 哪 儿？

Saya ingin membeli insurans hayat di syarikat tuan/puan.
wǒ xiǎng zài guì gōng sī bàn lǐ rén shēn bǎo xiǎn
我 想 在 贵 公 司 办 理 人 身 保 险 。

Saya ingin menginsuranskan kereta saya.
wǒ xiǎng gěi qì chē tóu bǎo
我 想 给 汽 车 投 保 。

Bolehkah saya membeli insurans kemalangan/kebakaran/kecurian?
qǐng wèn wǒ kě yǐ bàn lǐ shì gù huǒ zāi shī qiè bǎo xiǎn ma
请 问 我 可 以 办 理 事 故 / 火 灾 / 失 窃 保 险 吗？

Berapakah jumlah perlindungan insurans?
bǎo xiǎn jīn shì duō shao
保 险 金 是 多 少 ？

Bolehkah kami mendapat pampasan dalam kes kecurian ini?
zài zhè jiàn shī qiè àn zhōng wǒ men néng dé dào péi cháng ma
在 这 件 失 窃 案 中 我 们 能 得 到 赔 偿 吗？

Kakitangan

 职 员

Sila isi borang insurans ini.
qǐng tián zhè zhāng bǎo xiǎn dān
请 填 这 张 保 险 单。

Sila baca kontrak dengan teliti sebelum menandatanganinya.
qǐng zǐ xì yuè dú hé tóng rán hòu qiān zì
请 仔 细 阅 读 合 同 ， 然 后 签 字。

Sekiranya berlaku kemalangan, sila maklumkannya kepada kami.
ruò shòu zāi qǐng tōng zhī wǒ men
若 受 灾 ， 请 通 知 我 们。

Penginapan

zhù sù
住 宿

Di hotel

zài bīn guǎn
在 宾 馆

Pelanggan

Berapakah bintang hotel ini?
zhè shì yī jiā jǐ xīng jí bīn guǎn
这 是 一 家 几 星 级 宾 馆 ？

Mohon bertanya, ada atau tidak bilik kosong?
qǐng wèn yǒu kōng fáng ma
请 问 有 空 房 吗 ？

Berapakah harga bilik untuk satu malam?
fáng jiān yī tiān duō shao qián
房 间 一 天 多 少 钱 ？

Adakah kanak-kanak juga dikenakan bayaran?
ér tóng yě yào shōu fèi ma
儿 童 也 要 收 费 吗 ？

Adakah terdapatnya diskaun untuk penginapan jangka panjang?
cháng zhù yǒu zhé kòu ma
常 住 有 折 扣 吗 ？

Mohon bertanya, adakah makanan disediakan secara percuma?
qǐng wèn bāo huǒ shí ma
请 问 包 伙 食 吗 ？

Kami ingin menempah bilik bujang/kelamin/untuk tiga orang.

wǒ men xiǎng dìng yī jiān dān rén shuāng rén sān rén fáng
我 们 想 订 一 间 单 人 / 双 人 / 三 人 房 。

Ada atau tidak suite dengan tiga bilik tidur?

yǒu sān shì de tào jiān ma
有 三 室 的 套 间 吗 ?

Saya telah menempah sebuah bilik minggu lepas dan sekarang saya mahu membatalkan tempahan.

shàng xīng qī wǒ dìng le yī gè fáng jiān   xiàn zài wǒ xiǎng qǔ xiāo yù dìng
上 星 期 我 订 了 一 个 房 间 , 现 在 我 想 取 消 预 订 。

Di tingkat berapa?

zài jǐ céng
在 几 层 ?

Di manakah lif/tangga?

diàn tī lóu tī zài nǎr
电 梯 / 楼 梯 在 哪 儿 ?

Sila hantar bagasi saya ke bilik 304.

qǐng bǎ wǒ de xíng li sòng dào   fáng jiān
请 把 我 的 行 李 送 到 304 房 间 。

Tolong buka bilik 208 untuk saya.

qǐng gěi wǒ kāi   fáng
请 给 我 开 208 房 。

Di manakah sarapan disediakan?

zǎo cān zài nǎ lǐ gōng yìng
早 餐 在 哪 里 供 应 ?

Tolong hantar makan malam ke bilik saya.

qǐng bǎ wǎn cān sòng dào wǒ de fáng jiān
请 把 晚 餐 送 到 我 的 房 间 。

Bolehkah tuan/puan bangkitkan saya pada pukul 6 pagi esok?

míng tiān zǎo shang diǎn nǐ kě yǐ jiào xǐng wǒ ma
明 天 早 上 6 点 你 可 以 叫 醒 我 吗 ?

Tolong panggil teksi untuk saya, boleh?

qǐng gěi wǒ jiào yī bù chū zū chē　hǎo ma

请 给 我 叫 一 部 出 租 车 , 好 吗 ?

Saya ingin mendaftar keluar.

wǒ lái tuì fáng

我 来 退 房 。

Saya ingin membayar.

wǒ lái jié zhàng

我 来 结 账 。

Adakah termasuk caj perkhidmatan?

fú wù fèi bāo kuò zài nèi ma

服 务 费 包 括 在 内 吗 ?

Pelayan kaunter depan

Selamat pagi, ini kaunter depan.

fú wù tái　zǎo shang hǎo

服 务 台 , 早 上 好 。

Puan ialah Puan ××?

nín shì　　nǚ shì ma

您 是 ×× 女 士 吗 ?

Bolehkah saya tahu nama tuan/puan?

néng gào su wǒ nín de míng zi ma

能 告 诉 我 您 的 名 字 吗 ?

Bolehkah tuan/puan menunggu sebentar?

qǐng shāo děng　hǎo ma

请 稍 等 , 好 吗 ?

Maaf, semua bilik sudah penuh.

duì bu qǐ　　lǚ guǎn kè mǎn le

对 不 起 , 旅 馆 客 满 了 。

Bilik yang mempunyai penyaman udara sudah habis ditempah.

yǐ jīng méi yǒu kōng tiáo fáng le

已 经 没 有 空 调 房 了 。

Hanya ada sebuah suite dengan tiga bilik tidur.

zhǐ yǒu yī tào sān shì de tào jiān
只 有 一 套 三 室 的 套 间 。

Bilakah tuan/puan ingin mendaftar masuk?

nín shén me shí hou dēng jì rù zhù
您 什 么 时 候 登 记 入 住 ?

Berapa harikah penginapan tuan/puan?

nín dǎ suàn zhù duō shao tiān
您 打 算 住 多 少 天 ?

Kadar penginapan bilik satu malam, iaitu sehingga 12.00 tengah hari

keesokan hari ialah RMB 100. Sarapan tidak disediakan.

fáng fèi shì měi zhāng chuáng měi tiān yuán bù hán zǎo cān dào dì èr
房 费 是 每 张 床 每 天 100 元 ，不 含 早 餐 ，到 第 二
tiān diǎn wéi yī tiān
天 12 点 为 一 天 。

Caj sarapan dikenakan, RMB 15 untuk setiap orang.

zǎo cān lìng suàn měi rén yuán rén mín bì
早 餐 另 算 ，每 人 15 元 人 民 币 。

Ini kunci bilik.

zhè shì fáng jiān yào shi
这 是 房 间 钥 匙 。

Sila tinggalkan kunci di kaunter perkhidmatan apabila tuan/puan keluar.

chū mén shí qǐng bǎ yào shi liú zài fú wù tái
出 门 时 请 把 钥 匙 留 在 服 务 台 。

Adakah tuan/puan memerlukan kami membangkitkan tuan/puan pada pagi

esok?

míng zǎo nín xū yào jiào xǐng fú wù ma
明 早 您 需 要 叫 醒 服 务 吗 ?

Mohon bertanya, apakah nombor bilik tuan/puan?

qǐng wèn nín de fáng jiān hào mǎ shì duō shao
请 问 您 的 房 间 号 码 是 多 少 ?

Saya akan membawa tuan/puan ke bilik.

wǒ dài nín dào fáng jiān qù
我 带 您 到 房 间 去 。

Bilik tuan/puan berada di sebelah kiri laluan.

nín de fáng jiān zài guò dào zuǒ bian
您 的 房 间 在 过 道 左 边 。

Bolehkah saya buka tingkap?

néng kāi chuāng ma
能 开 窗 吗 ?

Di pusat perniagaan hotel

zài bīn guǎn shāng wù zhōng xīn
在 宾 馆 商 务 中 心

Bolehkah tuan/puan mencetak dokumen ini untuk saya?

nǐ néng bāng wǒ dǎ yìn zhè fèn wén jiàn ma
你 能 帮 我 打 印 这 份 文 件 吗 ?

Bolehkah tuan/puan menyalin bahan-bahan ini untuk saya?

nín néng bāng wǒ fù yìn zhè xiē cái liào ma
您 能 帮 我 复 印 这 些 材 料 吗 ?

Bolehkah saya menghantar faks di sini?

zhè lǐ néng fā chuán zhēn ma
这 里 能 发 传 真 吗 ?

Adakah hotel ini menyediakan kemudahan Internet untuk mengakses e-mel?

zhè ge bīn guǎn kě yǐ fā diàn zǐ yóu jiàn ma
这 个 宾 馆 可 以 发 电 子 邮 件 吗 ?

Adakah Wi-Fi disediakan di sini?

zài zhè lǐ kě yǐ shǐ yòng ma
在 这 里 可 以 使 用 Wi-Fi 吗 ?

Menjawab

回 答

Boleh.

xíng kě yǐ néng
行 / 可 以 / 能 。

Maaf, mesin rosak hari ini.

duì bu qǐ   jīn tiān jī qì huài le
对 不 起 ， 今 天 机 器 坏 了 。

Maaf, bekalan elektrik terputus hari ini.

duì bu qǐ   jīn tiān tíng diàn
对 不 起 ， 今 天 停 电 。

Sewa rumah

zū fáng
租 房

Penyewa rumah

Maaf ganggu, saya ke sini untuk menyewa rumah.

dǎ rǎo yī xià   wǒ shì lái zū fáng de
打 扰 一 下 ， 我 是 来 租 房 的 。

Adakah terdapatnya bilik kosong?

yǒu kōng fáng ma
有 空 房 吗 ?

Saya ingin menyewa sebuah bilik bujang.

wǒ xiǎng zū yī jiān dān rén jiān
我 想 租 一 间 单 人 间 。

Saya ingin menyewa sebuah suite berperabot/tidak berperabot.

wǒ xiǎng zū yī jiān dài jiā jù   bù dài jiā jù de tào jiān
我 想 租 一 间 带 家 具 / 不 带 家 具 的 套 间 。

Adakah bilik mandi dan dapur disediakan?

yǒu xǐ zǎo hé zhǔ fàn de dì fang ma
有 洗 澡 和 煮 饭 的 地 方 吗 ?

Adakah penyaman udara disediakan?

yǒu kōng tiáo ma
有 空 调 吗 ?

Bolehkah saya memasak di dalam bilik?

zài fáng jiān li kě yǐ zhǔ fàn ma

在 房 间 里 可 以 煮 饭 吗？

Bolehkah saya tengok dulu?

wǒ kě yǐ xiān kàn kan ma

我 可 以 先 看 看 吗？

Berapakah sewa bulanan?

měi yuè fáng zū shì duō shao

每 月 房 租 是 多 少 ？

Adakah sewa perlu dibayar sekarang atau kemudian?

fáng zū shì xiān fù hái shi hòu fù

房 租 是 先 付 还 是 后 付？

Saya menyewa bilik ini.

wǒ zū zhè jiān fáng le

我 租 这 间 房 了。

Bilakah saya boleh pindah masuk?

wǒ shén me shí hou kě yǐ bān jìn lái

我 什 么 时 候 可 以 搬 进 来？

Saya ingin membaharui/membatalkan kontrak.

wǒ yào xù yuē jiě yuē

我 要 续 约 / 解 约 。

Pemilik rumah

 房 主

Sewa bulanan ialah RMB 800 dengan/tanpa caj bekalan elektrik dan air.

fáng zū měi yuè　　　 yuán　 bāo kuò　 bù bāo kuò shuǐ diàn fèi

房 租 每 月 800 元 ， 包 括 / 不 包 括 水 电 费。

RMB 1000 setiap bulan, caj bekalan elektrik dan air akan dikenakan secara berasingan.

měi yuè　　　　 yuán　　 shuǐ diàn fèi lìng suàn

每 月 1000 元 ， 水 电 费 另 算 。

Sewa perlu dibayar pada setiap awal bulan.

fáng zū měi yuè yuè chū jiāo qīng

房 租 每 月 月 初 交 清 。

Dilarang masak di dalam bilik.

yán jìn zài fáng jiān li zuò fàn
严禁在房间里做饭！

Kita perlu memeterai kontrak.

wǒ men yīng qiān gè hé yuē
我们应签个合约。

Penyewa rumah sekarang belum berpindah keluar.

xiàn zhù fáng kè hái méi yǒu bān zǒu
现住房客还没有搬走。

Tuan/Puan perlu memberikan notis sebulan sebelum mendaftar keluar.

tuì fáng yào tí qián yī gè yuè tōng zhī
退房要提前一个月通知。

Kamu patut membayar sewa tepat pada masanya, dan jangan biarkan
orang mendesak.

nǐ yīng àn shí jiāo fáng zū   bù yào děng bié rén cuī cái jiāo
你应按时交房租，不要等别人催才交。

Ini adalah resit sewa tuan/puan.

zhè shì nín de fáng zū shōu jù
这是您的房租收据。

Adakah tuan/puan ingin membaharui/membatalkan kontrak sewa?

nín xiǎng yào xù yuē   jiě chú zū yuē ma
您想要续约 / 解除租约吗？

Makan dan minum

yǐn shí
饮 食

Di restoran

zài cān guǎn
在 餐 馆

Pelanggan

顾 客

Saya suka makanan China/Melayu/Perancis/Thai.

wǒ hěn xǐ huan zhōng guó cài / mǎ lái cài / fǎ guó cài / tài guó cài
我 很 喜 欢 中 国 菜 / 马 来 菜 / 法 国 菜 / 泰 国 菜 。

Saya ingin makan makanan Cina/Melayu.

wǒ xiǎng chī zhōng cān / mǎ lái cān
我 想 吃 中 餐 / 马 来 餐 。

Saya ingin merasai makanan Melayu tradisional.

wǒ xiǎng pǐn cháng chuán tǒng mǎ lái cài
我 想 品 尝 传 统 马 来 菜 。

Saya rasa lebih baik pergi makan bufet yang berharga RMB 30.

wǒ rèn wéi qù chī yuán de zì zhù cān bǐ jiào hǎo
我 认 为 去 吃 30 元 的 自 助 餐 比 较 好 。

Kami makan makanan segera di restoran.

wǒ men zài cān tīng chī kuài cān
我 们 在 餐 厅 吃 快 餐 。

Kami dijemput makan bufet.

wǒ men yìng yāo qù chī zì zhù cān
我 们 应 邀 去 吃 自 助 餐 。

Saya ingin menempah meja makan malam untuk 10 orang pada pukul 6 petang lusa.

wǒ xiǎng dìng yī zhāng hòu tiān wǎn shang diǎn de zhuō zi　　rén yòng cān
我 想 订 一 张 后 天 晚 上 6 点 的 桌 子，10 人 用 餐。

Adakah meja ini kosong?

zhè zhāng zhuō zi kòng zhe ma
这 张 桌 子 空 着 吗？

Cik, tolong berikan menu.

xiǎo jiě　　qǐng ná cài dān lái
小 姐， 请 拿 菜 单 来。

Kamu pesan.

nǐ diǎn cài ba
你 点 菜 吧。

Saya ingin memesan rendang daging /ikan bakar/telur goreng.

lái yī fèn rén dāng niú ròu　kǎo yú　jiān jī dàn
来 一 份 仁 当 牛 肉/ 烤 鱼/ 煎 鸡 蛋。

Saya mahu semangkuk cendol/semangkuk mihun/sepinggan nasi lemak/ sepinggan kuetiau goreng.

wǒ yào yī wǎn jiān ruǐ　yī wǎn mǐ fěn　yī pán yē jiāng fàn　yī pán chǎo guǒ
我 要 一 碗 煎 蕊/ 一 碗 米 粉/ 一 盘 椰 浆 饭/ 一 盘 炒 粿
tiáo
条。

Saya mahu semangkuk sup tulang.

lái yī wǎn niú gǔ tāng
来 一 碗 牛 骨 汤。

Saya mahu sebotol air kelapa.

wǒ yào yī píng yē zi shuǐ
我 要 一 瓶 椰 子 水。

Saya mahu sebotol Coca-Cola/air mineral.

lái yī píng kě kǒu kě lè　kuàng quán shuǐ
来 一 瓶 可 口 可 乐/ 矿 泉 水。

Adakah minuman jenis ini mengandungi alkohol?

zhè zhǒng yǐn liào hán jiǔ jīng ma
这 种 饮 料 含 酒 精 吗？

Daging ini masih mentah. Bolehkah tuan/puan masakkannya sepenuh?

zhè ròu bù tài shú   néng bāng wǒ zài zhǔ yī zhǔ ma
这 肉 不 太 熟 ， 能 帮 我 再 煮 一 煮 吗？

Saya selalu makan di restoran Cina dan sudah biasa menggunakan penyepit.

wǒ cháng qù zhōng cān tīng   wǒ huì yòng kuài zi
我 常 去 中 餐 厅 ，我 会 用 筷 子。

Saya tidak biasa menggunakan penyepit. Tolong beri saya pisau, garpu dan sudu.

wǒ bù tài huì yòng kuài zi   qǐng gěi wǒ yī fù dāo chā hé yī gè sháo zi
我 不 太 会 用 筷 子， 请 给 我 一 副 刀 叉 和 一 个 勺 子。

Tolong hidangkan makanan saya dengan cepat. Saya kejar masa.

qǐng kuài diǎn gěi wǒ shàng cài   wǒ yào gǎn lù
请 快 点 给 我 上 菜，我 要 赶 路。

Pisang/Mangga sebagai pencuci mulut selepas makan.

fàn hòu shuǐ guǒ yào xiāng jiāo   máng guǒ
饭 后 水 果 要 香 蕉 / 杧 果。

Hidangkan aiskrim/kopi kepada dia.

gěi tā lái yī fèn bīng qí lín   yī bēi kā fēi
给 他 来 一 份 冰 淇 淋 / 一 杯 咖 啡。

Bayar.

jié zhàng
结 账 。

Kamu terlebih kira RMB 5.

nǐ duō suàn le   yuán
你 多 算 了 5 元 。

Simpan duit baki ini sebagai tip.

liú zhe zhè xiē líng qián zuò xiǎo fèi ba
留 着 这 些 零 钱 做 小 费 吧。

Cik, saya mahu secawan kopi O kosong/kopi dengan susu.

xiǎo jiě   lái yī bēi yuán wèi kā fēi   jiā nǎi kā fēi
小 姐， 来 一 杯 原 味 咖 啡 / 加 奶 咖 啡。

Minta secawan kopi besar dan sekeping roti.

qǐng lái yī dà bēi kā fēi   yī kuài miàn bāo
请 来 一 大 杯 咖 啡 、 一 块 面 包 。

Dua cawan milo, terima kasih.

lái liǎng bēi měi lù   xiè xie
来 两 杯 美 禄 ， 谢 谢 ！

Telur goreng ada?

yǒu jiān jī dàn ma
有 煎 鸡 蛋 吗 ？

Saya mahu stik dengan kentang goreng.

wǒ yào yī fèn niú pái pèi zhá shǔ tiáo
我 要 一 份 牛 排 配 炸 薯 条 。

Saya mahu segelas Pepsi/champagne/wiski/teh.

wǒ yào yī bēi bǎi shì kě lè   yī bēi xiāng bīn   yī bēi wēi shì jì   yī bēi chá
我 要 一 杯 百 事 可 乐 / 一 杯 香 槟 / 一 杯 威 士 忌 / 一 杯 茶 。

Berapakah harganya?

duō shao qián
多 少 钱 ？

Tolong beri saya bil.

qǐng bǎ zhàng dān gěi wǒ
请 把 账 单 给 我 。

Pelayan

Berapa orangkah kesemuanya?

nǐ men yī gòng jǐ wèi
你 们 一 共 几 位 ？

Bolehkah tuan/puan duduk di meja ini/itu?

nín zuò zhè zhuō   nà zhuō   hǎo ma
您 坐 这 桌 / 那 桌 ， 好 吗 ？

Meja di tepi tingkap telah ditempah.

kào chuāng de zhuō zi yǒu rén yù dìng le
靠 窗 的 桌 子 有 人 预 订 了 。

Apakah yang tuan/puan mahu pesan?

nín yào diǎn shén me cài
您 要 点 什 么 菜?

Hari ini ada rendang daging/daging kambing/sambal ikan bilis/ayam goreng/nasi.

jīn tiān yǒu rén dāng niú ròu yáng ròu jiāng yú zǎi là jiāo jiàng zhá jī mǐ fàn
今 天 有 仁 当 牛 肉 / 羊 肉 / 江 鱼 仔 辣 椒 酱 / 炸 鸡 / 米 饭 。

Apakah tahap masak stik yang dipesan?

nín yào jǐ fēn shú de niú pái
您 要 几 分 熟 的 牛 排?

Sayur-sayuran dan roti boleh diambil tanpa had.

qīng cài hé miàn bāo suí biàn chī
青 菜 和 面 包 随 便 吃 。

Apakah minuman yang tuan/puan mahu?

nín hē shén me yǐn liào
您 喝 什 么 饮 料?

Saya akan menghidangkan lauk dengan segera.

wǒ mǎ shàng gěi nín shàng cài
我 马 上 给 您 上 菜 。

Adakah hidangan ini menepati cita rasa tuan/puan?

zhè cài hé nín kǒu wèi ma
这 菜 合 您 口 味 吗?

Harga bufet adalah tetap. Arak dikenakan bayaran secara berasingan.

zì zhù cān de jià gé shì gù dìng de jiǔ lìng wài suàn
自 助 餐 的 价 格 是 固 定 的 , 酒 另 外 算 。

Terima kasih. Jemput datang lagi.

xiè xie huān yíng xià cì zài lái
谢 谢 , 欢 迎 下 次 再 来 。

Kosa kata

补 充 词 汇

menu 菜单	stimbot 火锅
itik panggang 烤鸭	rebung goreng 炒竹笋
sate 沙爹	ikan kukus 清蒸鱼
telur padi 松花蛋	popia 薄饼
tauhu goreng 炒豆腐	telur masin 咸蛋
sup 汤	ayam rebus 焖鸡
mi 面条	bubur 粥
cang 粽子	kuih 糕点
pencuci mulut 甜品	kek 蛋糕
jus 果汁	jus oren 橙汁
jus lemon 柠檬汁	

Makan di rumah

zài jiā li chī fàn
在 家 里 吃 饭

Saya sarapan pagi dan makan malam di rumah, makan tengah hari di kantin.

wǒ zài jiā li chī zǎo cān hé wǎn cān　zài shí táng chī wǔ cān
我 在 家 里 吃 早 餐 和 晚 餐 ，在 食 堂 吃 午 餐 。

Untuk sarapan pagi saya minum kopi atau teh, makan roti dengan mentega dan jem.

zǎo cān wǒ hē kā fēi huò chá　chī miàn bāo jiā huáng yóu hé guǒ jiàng
早 餐 我 喝 咖 啡 或 茶 ，吃 面 包 加 黄 油 和 果 酱 。

Ayah dan ibu saya bergilir-gilir memasak.

wǒ fù qīn hé mǔ qīn lún liú zuò fàn
我 父 亲 和 母 亲 轮 流 做 饭 。

Kadangkala saya juga memasak sendiri.
yǒu shí wǒ yě zì jǐ zuò fàn
有 时 我 也 自 己 做 饭 。

Saya memotong ikan menjadi kepingan/hiris.
wǒ bǎ yú qiē chéng kuài piàn
我 把 鱼 切 成 块 / 片 。

Dia memotong daging.
tā duò ròu
他 剁 肉 。

Dia menggoreng/merebus daging lembu.
tā chǎo dùn niú ròu
他 炒 / 炖 牛 肉 。

Sediakan meja.
bǎi hǎo fàn zhuō
摆 好 饭 桌 。

Sediakan/Tanggalkan alat makan.
bǎi hǎo chè diào cān jù ba
摆 好 / 撤 掉 餐 具 吧 。

Tambah satu set alat makan.
jiā yī fù cān jù
加 一 副 餐 具 。

Hidangan sudah siap. Jemputlah duduk dan makan.
fàn yǐ jīng zuò hǎo le qǐng zuò xià lái chī fàn ba
饭 已 经 做 好 了 ， 请 坐 下 来 吃 饭 吧 。

Jemput makan.
chī fàn le
吃 饭 了 。

Saya lapar/dahaga.
wǒ è le kě le
我 饿 了 / 渴 了 。

Hidangan ini disediakan khas untuk meraikan ketibaan tuan/puan.
zhè dùn fàn shì wèi nín jiē fēng xǐ chén de
这 顿 饭 是 为 您 接 风 洗 尘 的 。

Semoga selera makan.
zhù nín wèi kǒu hǎo
祝 您 胃 口 好 。

Apakah minuman yang kamu mahu?
nín hē shén me yǐn liào
您 喝 什 么 饮 料 ？

Sila makan.
qǐng yòng ba
请 用 吧 。

Sila cuba rasa itik goreng ini.
qǐng cháng chang zhè chǎo yā ròu
请 尝 尝 这 炒 鸭 肉 。

Mahu cuba ikan ini?
nín yào yú ma
您 要 鱼 吗 ？

Mahu rasa daging ini?
nín yào ròu ma
您 要 肉 吗 ？

Cubalah daging ini.
cháng chang zhè niú ròu ba
尝 尝 这 牛 肉 吧 。

Mahu tambah daging ayam?
nín hái yào jī ròu ma
您 还 要 鸡 肉 吗 ？

Makanlah pencuci mulut.
chī xiē fàn hòu tián pǐn ba
吃 些 饭 后 甜 品 吧 。

Menjawab

回 答

Baik, sedikit lagi.
hǎo   zài yào yī diǎn
好 ， 再 要 一 点 。

Baik, saya mahu makan sedikit lagi.

hǎo de　wǒ xiǎng zài chī yī diǎn

好 的 ， 我 想 再 吃 一 点 。

Saya sudah kenyang.

wǒ chī bǎo le

我 吃 饱 了 。

Terima kasih. Saya sudah cukup.

xiè xie　wǒ bù xiǎng chī le

谢 谢 ， 我 不 想 吃 了 。

Sangat lazat/Sangat sedap/Pandai masak.

hěn hǎo chī　hěn xiāng　zuò de tài hǎo le

很 好 吃 / 很 香 / 做 得 太 好 了 。

Membeli-belah

gòu wù
购 物

Di kedai

zài shāng diàn
在 商 店

Penjual

售货员

Apakah yang kamu mahu beli?
nǐ yào mǎi shén me
你要买什么？

Saiz apa yang kamu pakai?
nǐ chuān duō dà chǐ mǎ
你穿多大尺码？

Kasut saiz apa yang kamu pakai?
nǐ chuān duō dà hào de xié
你穿多大号的鞋？

Apakah warna yang kamu suka?
nǐ xǐ huan shén me yán sè
你喜欢什么颜色？

Apakah jenama yang kamu cari?
nǐ zhǎo shén me pái zi
你找什么牌子？

Saiz apa yang kamu mahu?
nǐ yào duō dà de
你要多大的？

Apakah fesyen yang kamu suka?

nǐ xǐ huan shén me yàng shì de
你喜欢 什么样式的？

Produk dari negara manakah yang kamu suka?

nǐ xǐ huan nǎ ge guó jiā de chǎn pǐn
你喜欢哪个国家的产品？

Apakah model yang kamu mahu?

nǐ yào shén me xíng hào de
你要什么型号的？

Apakah spesifikasi yang kamu perlukan?

nǐ xū yào shén me guī gé de
你需要什么规格的？

Yang ini saiz besar.

zhè shì dà hào de
这是大号的。

Kasut ini saiz 38.

zhè shuāng xié zi shì　 mǎ de
这双鞋子是38码的。

Jenis ini popular pada tahun ini.

jīn nián liú xíng zhè ge
今年流行这个。

Kamu boleh mencuba baju/kasut.

nǐ kě yǐ shì chuān yī fu xié zi
你可以试穿衣服/鞋子。

Bilik cuba pakaian ada di sana.

shì yī jiān zài nàr
试衣间在那儿。

Pembelian RM 10,000 ke atas akan diberikan diskaun 5%.

fán gòu mǎi wàn lín jí tè yǐ shàng shāng pǐn　 jǐ yǔ　 de yōu huì
凡购买1万林吉特以上商品，给予5%的优惠。

Diskaun 10%.

jiǎn jià
减价10%。

Barangan promosi.

cù xiāo shāng pǐn

促 销 商 品 。

Potongan harga.

jiàng jià chǔ lǐ

降 价 处 理 。

Tali leher beli satu percuma satu.

lǐng dài mǎi yī sòng yī

领 带 买 一 送 一 。

Adakah lagi barang lain yang diperlukan?

hái mǎi bié de dōng xi ma

还 买 别 的 东 西 吗 ?

Barangan ini dijual secara borong/runcit/eceran.

zhè xiē shāng pǐn pī fā líng shòu sǎn zhuāng chū shòu

这 些 商 品 批发 / 零 售 / 散 装 出 售 。

Jumlahnya RM 20,000.

yī gòng wàn lín jí tè

一 共 2 万 林 吉 特 。

Adakah kamu mempunyai wang kecil?

nǐ yǒu méi yǒu líng qián

你 有 没 有 零 钱 ?

Saya memulangkan baki RM 20 kepada tuan/puan.

zhǎo nín lín jí tè

找 您 20 林 吉 特 。

Terima kasih. Jemput datang lagi.

xiè xie xī wàng nín jīng cháng huì gù

谢 谢 , 希 望 您 经 常 惠 顾 。

Pelanggan

 顾 客

Cik, di manakah kaunter peralatan sukan?

xiǎo jiě tǐ yù yòng pǐn guì tái zài nǎr

小 姐 , 体 育 用 品 柜 台 在 哪 儿 ?

Maaf ganggu, di manakah kaunter makanan/kaunter ubat/kaunter kasut/
kaunter mainan kanak-kanak?

dǎ rǎo yī xià   shí pǐn guì tái   yào pǐn guì tái   xié lèi guì tái   ér tóng wán jù
打 扰 一 下 ，食 品 柜 台 / 药 品 柜 台 / 鞋 类 柜 台 / 儿 童 玩 具
guì tái zài nǎr
柜 台 在 哪 儿 ?

Adakah peralatan pejabat dijual di sini?

zhèr   yǒu bàn gōng yòng pǐn mài ma
这 儿 有 办 公 用 品 卖 吗 ?

Adakah pakaian sedia pakai dijual di sini?

zhèr   yǒu chéng yī mài ma
这 儿 有 成 衣 卖 吗 ?

Adakah rantai emas/cincin emas dijual di sini?

zhèr   yǒu jīn xiàng liàn   jīn jiè zhi mài ma
这 儿 有 金 项 链 / 金 戒 指 卖 吗 ?

Saya ingin membeli satu set sut/sepasang kasut.

wǒ xiǎng mǎi yī tào xī fú   yī shuāng xié
我 想 买 一 套 西 服 / 一 双 鞋 。

Saya pakai saiz 39.

wǒ chuān   mǎ
我 穿 39 码 。

Terlalu lebar/Terlalu sempit, ada atau tidak saiz 38?

tài kuān   tài zhǎi le   yǒu   mǎ de ma
太 宽 / 太 窄 了 ，有 38 码 的 吗 ?

Ada atau tidak saiz yang lebih kecil/lebih besar?

yǒu xiǎo   dà yī diǎn de ma
有 小 / 大 一 点 的 吗 ?

Ada warna lain atau tidak?

hái yǒu bié de yán sè ma
还 有 别 的 颜 色 吗 ?

Saya mahu warna hitam.

wǒ yào hēi sè de
我 要 黑 色 的 。

Bolehkah saya tengok jam tangan ini?

néng bǎ zhè kuài biǎo gěi wǒ kàn kan ma
能 把 这 块 表 给 我 看 看 吗？

Saya suka tali leher ini.

zhè tiáo lǐng dài wǒ kě xǐ huan le
这 条 领 带 我 可 喜 欢 了。

Bolehkah saya mencuba baju ini?

kě yǐ shì yī shì zhè jiàn yī fu ma
可 以 试 一 试 这 件 衣 服 吗？

Adakah barangan ini bebas cukai?

zhè xiē shāng pǐn miǎn shuì ma
这 些 商 品 免 税 吗？

Ini sesuai, saya beli.

zhè jiàn hé shì　wǒ mǎi le
这 件 合 适， 我 买 了。

Berapakah harga satu meter/satu kilogram/sebuah/sedozen?

mǐ　 qiān kè　 gè　 dá duō shao qián
1 米 / 1 千 克 / 1 个 / 1 打 多 少 钱？

Berapa harganya?

jià gé shì duō shao
价 格 是 多 少？

Semua sekali berapa ringgit?

yī gòng duō shao qián
一 共 多 少 钱？

RM 30 sekilogram/RM 50 semeter, tidak mahal.

lín jí tè qiān kè　 lín jí tè mǐ　 bù guì
30 林 吉 特 1 千 克 / 50 林 吉 特 1 米， 不 贵。

Terlalu mahal/Sangat murah.

tài guì le　 hěn pián yi
太 贵 了 / 很 便 宜。

Minta murahkan lagi.

pián yi xiē ba
便 宜 些 吧。

Bagilah murah lagi.

jiǎn diǎnr 　 jià ba
减 点 儿价 吧 。

Kalau beli dua, bolehkah berikan diskaun?

mǎi liǎng jiàn kě yǐ jiǎn jià ma
买 两 件可以 减 价 吗 ?

Bolehkah saya membayar melalui kad kredit?

wǒ shuā xìn yòng kǎ 　 xíng ma
我 刷 信 用 卡 ， 行 吗 ?

Minta invois.

qǐng gěi wǒ kāi fā piào
请 给 我 开 发 票 。

Tolong bungkuskan barang-barang ini.

qǐng bǎ zhè xiē dōng xi bāo zài yī qǐ
请 把 这 些 东 西 包 在 一 起 。

Kosa kata

alatan rumah 家电	televisyen warna 彩电
peti ais 冰箱	periuk aruhan 电磁炉
periuk nasi elektrik 电饭锅	relau elektrik 电炉
ketuhar elektrik 电烤箱	kipas angin elektrik 电风扇
seterika elektrik 电熨斗	penyaman udara 空调
penyedut habuk 吸尘器	sabun 肥皂
sabun wangi 香皂	serbuk pencuci 洗衣粉
ubat gigi 牙膏	berus gigi 牙刷
tuala 毛巾	pisau cukur 剃刀
baju tanpa lengan 背心	kemeja 衬衫
seluar panjang 长裤	skirt 短裙
pakaian seragam 制服	kasut kulit 皮鞋
kasut getah 胶鞋	sandal 凉鞋
selipar 拖鞋	kain 布
sutera 丝绸	

Di pasar barangan segar

zài xiān huò shì chǎng
在 鲜 货 市 场

Pelanggan

 顾 客

Selamat pagi, saya mahu membeli daging/ayam/ikan.
shàng wǔ hǎo   wǒ yào mǎi niú ròu   jī ròu   yú
上 午 好 ，我 要 买 牛 肉 / 鸡 肉 / 鱼 。

Adakah ayam ini ayam kampung?

zhè shì tǔ jī ma
这 是 土 鸡 吗？

Ada itik melewar atau tidak?

yǒu lǜ tóu yā ma
有 绿 头 鸭 吗？

Berapakah harga seekor puyuh?

ān chún duō shao qián　zhī
鹌 鹑 多 少 钱 1 只？

Berapakah harga 1 kilogram lada/tomato/kubis/kentang/lobak?

là jiāo　xī hóng shì　bāo xīn cài　tǔ dòu　luó bo duō shao qián　qiān kè
辣 椒 / 西 红 柿 / 包 心 菜 / 土 豆 / 萝 卜 多 少 钱 1 千 克？

Berapakah harga bawang merah/bawang putih/ketumbar ini?

zhè xiē yáng cōng　suàn tóu　yán suī zěn me mài
这 些 洋 葱 / 蒜 头 / 芫 荽 怎 么 卖？

Berapakah harga seikat salad/kangkung?

shēng cài　kōng xīn cài duō shao qián　bǎ
生 菜 / 空 心 菜 多 少 钱 1 把？

Tauke

Itik melewar RM 20 seekor.

yě yā　lín jí tè　zhī
野 鸭 20 林 吉 特 1 只。

Belut sawah RM 30 sekilo.

huáng shàn　lín jí tè　qiān kè
黄 鳝 30 林 吉 特 1 千 克。

Serai RM 5 seikat.

xiāng máo cǎo　lín jí tè　bǎ
香 茅 草 5 林 吉 特 1 把。

Kelapa RM 5 sebiji.

yē zi měi gè　lín jí tè
椰 子 每 个 5 林 吉 特。

Durian RM 10 sebiji.
liú lián měi gè   lín jí tè
榴 梿 每 个 10 林 吉 特。

Sawi putih/Tauge RM 5 sekilo.
bái cài dòu yá   lín jí tè   qiān kè
白 菜 / 豆 芽 5 林 吉 特 1 千 克。

Lemon RM 1 sebiji.
níng méng měi gè   lín jí tè
柠 檬 每 个 1 林 吉 特。

Sudah cukup?
zhè xiē gòu le ma
这 些 够 了 吗?

Jumlahnya RM 100.
zǒng gòng   lín jí tè
总 共 100 林 吉 特。

Kosa kata
补 充 词 汇

daging kambing 山羊肉

daging biri-biri 绵羊肉

daging ayam belanda 火鸡肉

ikan kap rumput 草鱼

ikan kepala besar 大头鱼

ikan tilapia 罗非鱼

ikan keli 鲶鱼

ikan kap 鲤鱼

labi-labi 鳖

sawi putih 大白菜

lobak merah 胡萝卜

rambutan 红毛丹

manggis 山竹

buah naga 火龙果

epal 苹果

pear 梨

limau 柑橘

limau bali 柚子

longan 龙眼

laici 荔枝

tembikai 西瓜

oren 橙子

gajus 腰果

Di kedai runcit

zài zá huò diàn
在 杂 货 店

Pelanggan

Berapakah harga 1kg biji kopi?

kā fēi dòu duō shao qián qiān kè
咖 啡 豆 多 少 钱 1 千 克？

Beri saya dua bungkus gula melaka.

gěi wǒ liǎng bāo zōng lú táng
给 我 两 包 棕 榈 糖 。

Adakah beras/pulut/tepung/mi dijual di sini?

zhè lǐ yǒu dà mǐ nuò mǐ miàn fěn miàn tiáo mài ma
这 里 有 大 米 / 糯 米 / 面 粉 / 面 条 卖 吗？

Sebungkus garam/serbuk perasa.

lái yī bāo yán wèi jīng
来 一 包 盐 / 味 精 。

Saya mahu membeli sos cili/sos ikan/kicap/cuka/gula putih.

wǒ yào mǎi là jiāo jiàng yú lù jiàng yóu cù bái táng
我 要 买 辣 椒 酱 / 鱼 露 / 酱 油 / 醋 / 白 糖 。

Berapakah harga sebotol minyak kacang tanah/minyak kacang soya?

huā shēng yóu dòu yóu yī píng duō shao qián
花 生 油 / 豆 油 一 瓶 多 少 钱？

Bolehkah beri saya empat kotak Coca-Cola?

nǐ néng gěi wǒ xiāng kě kǒu kě lè ma
你 能 给 我 4 箱 可 口 可 乐 吗？

Penjual

Biji kopi 1kg RM 20.

kā fēi dòu lín jí tè qiān kè
咖 啡 豆 20 林 吉 特 1 千 克 。

Serbuk perasa/Garam RM 2 sebungkus.

wèi jīng yán měi bāo lín jí tè
味 精 / 盐 每 包 2 林 吉 特 。

Serbuk kari sudah habis dijual.

gā lí fěn mài wán le
咖 喱 粉 卖 完 了 。

Kosa kata

补充词汇

ikan kering 鱼干

kanji ubi kayu 木薯淀粉

kanji ubi kentang 马铃薯淀粉

kanji gandum 小麦淀粉

kanji jagung 玉米淀粉

sos tiram 耗油

minyak udang 虾油

belacan 虾酱

taucu 豆酱

jem 果酱

santan 椰浆

serbuk lada 胡椒粉

rempah 香料

minyak bijan 香油

gula-gula 糖果

coklat 巧克力

pes kacang merah 红豆沙

makanan tin 罐头

rokok 香烟

Membeli-belah dalam talian

wǎng shàng gòu wù
网 上 购 物

Bertanya

疑 问

Adakah kamu suka membeli-belah dalam talian?

nǐ xǐ huan zài wǎng shàng gòu wù ma
你 喜 欢 在 网 上 购 物 吗 ?

Adakah pembayaran dalam talian selamat?

zài xiàn zhī fù ān quán ma
在 线 支 付 安 全 吗？

Adakah kamu beranggapan semua kedai dalam talian selamat?

nǐ rèn wéi suǒ yǒu wǎng shàng shāng diàn dōu ān quán ma
你 认 为 所 有 网 上 商 店 都 安 全 吗？

Adakah produk dalam talian boleh dipercayai?

wǎng shàng de shāng pǐn kě kào ma
网 上 的 商 品 可 靠 吗？

Bolehkah saya pulangkan barangan tanpa sebab?

kě yǐ wú lǐ yóu tuì huò ma
可 以 无 理 由 退 货 吗？

Bagaimanakah bayaran penghantaran dikira untuk membeli-belah dalam talian, dan siapakah yang menanggung?

wǎng shàng gòu wù yùn fèi rú hé jì suàn shuí chéng dān
网 上 购 物 运 费 如 何 计 算 ， 谁 承 担？

Bolehkah saya membayar semasa menerima barangan?

kě yǐ huò dào fù kuǎn ma
可 以 货 到 付 款 吗？

Bolehkah saya membatalkan pesanan dalam talian?

duì yú wǎng shàng dìng gòu de shāng pǐn kě yǐ qǔ xiāo dìng dān ma
对 于 网 上 订 购 的 商 品 ， 可 以 取 消 订 单 吗？

Menjawab

回 答

Saya sering membeli-belah dalam talian kerana ia sangat mudah, dan saya boleh membeli apa-apa yang saya mahu tanpa meninggalkan rumah.

wǒ jīng cháng wǎng gòu yīn wèi hěn fāng biàn zú bù chū hù jiù kě yǐ mǎi
我 经 常 网 购 ， 因 为 很 方 便 ， 足 不 出 户 就 可 以 买
dào xiǎng yào de shāng pǐn
到 想 要 的 商 品 。

Membeli-belah dalam talian ialah sejenis urusan jual beli melalui Internet.

wǎng shàng gòu wù shì yī zhǒng tōng guò yīn tè wǎng jìn xíng shāng pǐn jiāo yì
网 上 购 物 是 一 种 通 过 因 特 网 进 行 商 品 交 易
de fāng shì
的 方 式 。

Pembayaran dalam talian berisiko kerana nombor akaun dan kata laluan dalam talian boleh digodam dengan mudah.

zài xiàn zhī fù yǒu fēng xiǎn yīn wèi wǎng shàng de zhàng hào hé mì mǎ hěn
在 线 支 付 有 风 险 ， 因 为 网 上 的 账 号 和 密 码 很
róng yì bèi dào
容 易 被 盗 。

Sesetengah kedai dalam talian mungkin menjual produk palsu, jadi pilihlah pekedai dalam talian dengan cermat.

yǒu de wǎng diàn huì mài jiǎ huò suǒ yǐ yào shèn zhòng xuǎn zé shāng jiā
有 的 网 店 会 卖 假 货 ， 所 以 要 慎 重 选 择 商 家 。

Boleh, asalkan produk dalam keadaan baik dan tidak menjejaskan jualan kali kedua. Kamu juga perlu menanggung kos penghantaran.

kě yǐ de dàn shāng pǐn bì xū wán hǎo bù yǐng xiǎng èr cì xiāo shòu bìng
可 以 的 ， 但 商 品 必 须 完 好 ， 不 影 响 二 次 销 售 ， 并
qiě nín yào chéng dān yùn fèi
且 您 要 承 担 运 费 。

Semasa penjual memperkenalkan produk dalam talian, mereka akan menjelaskan jumlah kos penghantaran dan siapa yang menanggung kos tersebut. Jika penjual yang menanggung kos penghantaran, maka bayaran penghantaran ialah RMB 0. Jika tidak, pembeli yang akan menanggung kos penghantaran.

mài jiā jiè shào wǎng shàng shāng pǐn shí huì míng què yùn fèi shì duō shao
卖 家 介 绍 网 上 商 品 时 ， 会 明 确 运 费 是 多 少 ，
shuí chéng dān rú guǒ mài jiā bāo yóu yùn fèi wéi yuán fǒu zé shì mǎi
谁 承 担 。 如 果 卖 家 包 邮 ， 运 费 为 0 元 ， 否 则 是 买
jiā chéng dān yùn fèi
家 承 担 运 费 。

Kamu boleh memesan pelbagai produk dalam talian.

nǐ kě yǐ zài wǎng shàng dìng gòu gè zhǒng chǎn pǐn
你 可 以 在 网 上 订 购 各 种 产 品 。

Kawan saya mempunyai kedai dalam talian untuk menjual pakaian yang direka olehnya sendiri.

wǒ péng you kāi le yī jiā wǎng diàn　　zhuān shòu tā zì jǐ shè jì de fú zhuāng
我 朋 友 开 了 一 家 网 店 ， 专 售 她 自 己 设 计 的 服 装 。

Memesan barangan dalam talian adalah mudah dan cepat.

wǎng shàng dìng gòu shāng pǐn jiǎn dān yòu kuài jié
网 上 订 购 商 品 简 单 又 快 捷 。

Kedai dalam talian kami khusus menjual pelbagai jenis kasut wanita, lelaki dan kanak-kanak yang berjenama dari Itali.

wǒ men de wǎng diàn zhuān shòu yì dà lì míng pái xié　yǒu gè zhǒng nǚ xié
我 们 的 网 店 专 售 意 大 利 名 牌 鞋 ， 有 各 种 女 鞋 、
nán xié hé tóng xié chū shòu
男 鞋 和 童 鞋 出 售 。

Maaf, barangan ini tidak boleh dibayar semasa diterima.

duì bu qǐ　běn shāng pǐn bù zhī chí huò dào fù kuǎn
对 不 起 ， 本 商 品 不 支 持 货 到 付 款 。

Pembayaran transaksi dalam talian boleh melalui Alipay.

wǎng shàng gòu wù kě yǐ tōng guò zhī fù bǎo fù kuǎn
网 上 购 物 可 以 通 过 支 付 宝 付 款 。

Pada pukul tiga petang, barang yang dibeli oleh pelanggan dalam talian akan dihantar melalui syarikat penghantaran cepat, dan kos akan dikira mengikut berat barang.

xià wǔ sān diǎn jiāng gù kè zài wǎng shàng gòu mǎi de shāng pǐn tōng guò kuài dì
下 午 三 点 将 顾 客 在 网 上 购 买 的 商 品 通 过 快 递
gōng sī jì fā　fèi yong gēn jù huò wù de zhòng liàng jì suàn
公 司 寄 发 ， 费 用 根 据 货 物 的 重 量 计 算 。

Jika barang yang dipesan belum dihantar, kami boleh membatalkan pesanan dan memohon bayaran balik.

rú guǒ suǒ dìng gòu de shāng pǐn hái méi yǒu fā huò　wǒ men kě yǐ qǔ xiāo
如 果 所 订 购 的 商 品 还 没 有 发 货 ， 我 们 可 以 取 消
dìng dān bìng shēn qǐng tuì kuǎn
订 单 并 申 请 退 款 。

Kosa kata

补充词汇

kad kredit 信用卡   promosi jualan 促销

e-dagang 电子商务

Taobao (salah satu platform e-dagang di China)
淘宝（中国的电子商务平台之一）

membayar secara tunai 现金支付

pembayaran tanpa sentuh 非接触式支付

membayar melalui kad kredit 信用卡支付

WeChat Pay 微信支付

membayar melalui WeChat Pay 以微信支付

Aktiviti ekonomi dan perdagangan

jīng mào huó dòng
经 贸 活 动

Eksposisi

bó lǎn huì
博 览 会

Pempamer

Kami ingin menyertai Ekspo Antarabangsa ✕.

wǒ men yào cān jiā　　guó jì bó lǎn huì
我 们 要 参 加 ✕ 国 际 博 览 会 。

Saya datang ke Nanning untuk menyertai Ekspo China-ASEAN.

wǒ lái nán níng cān jiā zhōng guó　　dōng méng bó lǎn huì
我 来 南 宁 参 加 中 国 – 东 盟 博 览 会 。

Bila dan di mana Ekspo China-ASEAN akan diadakan?

zhōng guó　　dōng méng bó lǎn huì jiāng zài hé shí hé dì jǔ xíng
中 国 – 东 盟 博 览 会 将 在 何 时 何 地 举 行 ?

Apakah sifat Ekspo China-ASEAN?

zhōng guó　　dōng méng bó lǎn huì shì shén me xìng zhì de bó lǎn huì
中 国 – 东 盟 博 览 会 是 什 么 性 质 的 博 览 会 ?

Berapa lamakah ekspo diadakan?

bó lǎn huì huì qī duō cháng
博 览 会 会 期 多 长 ?

Negara manakah yang akan menyertai ekspo ini?

cān jiā běn jiè bó lǎn huì de yǒu nǎ xiē guó jiā
参 加 本 届 博 览 会 的 有 哪 些 国 家 ?

Syarikat saya ingin menyewa sebuah gerai, berapakah sewanya?

wǒ gōng sī xiǎng dìng yī gè zhǎn tái　zū jīn shì duō shao

我 公 司 想 订 一 个 展 台，租 金 是 多 少 ？

Mohon bertanya, di manakah pavilion Malaysia?

qǐng wèn mǎ lái xī yà zhǎn qū zài nǎ lǐ

请 问 马 来 西 亚 展 区 在 哪 里 ？

Kami ingin mendapatkan khidmat seorang jurubahasa bahasa Melayu.

wǒ men xiǎng qǐng yī míng mǎ lái yǔ fān yì

我 们 想 请 一 名 马 来 语 翻 译 。

Mohon bertanya, apakah produk pameran di pavilion Malaysia?

qǐng wèn mǎ lái xī yà zhǎn qū yǒu nǎ xiē zhǎn pǐn

请 问 马 来 西 亚 展 区 有 哪 些 展 品 ？

Inilah katalog dan brosur tentang produk kami.

zhè shì wǒ men de chǎn pǐn mù lù hé zī liào shǒu cè

这 是 我 们 的 产 品 目 录 和 资 料 手 册 。

Sila perkenalkan fungsi dan cara penggunaan produk ini.

qǐng nín jiè shào yī xià zhè xiē chǎn pǐn de xìng néng hé shǐ yòng fāng fǎ

请 您 介 绍 一 下 这 些 产 品 的 性 能 和 使 用 方 法 。

Saya ingin menempah sejumlah barangan seni/seramik/produk mekanikal.

wǒ xiǎng dìng gòu yī pī gōng yì měi shù pǐn táo cí　jī diàn chǎn pǐn

我 想 订 购 一 批 工 艺 美 术 品 / 陶 瓷 / 机 电 产 品 。

Sila lihat sampel. Semuanya buatan ××.

qǐng kàn yàng pǐn　dōu shì　shēng chǎn de

请 看 样 品，都 是 ×× 生 产 的 。

Saya ingin menempah 50,000 buah. Bilakah tuan/puan boleh menghantar?

wǒ xiǎng dìng　wàn jiàn　shén me shí hou néng sòng huò

我 想 订 5 万 件，什 么 时 候 能 送 货 ？

Kami berharap pihak tuan/puan dapat mengiklankan produk kami/

mendirikan papan iklan luar untuk produk kami.

wǒ men xī wàng guì fāng wèi wǒ fāng shāng pǐn zuò guǎng gào　shù lì hù wài

我 们 希 望 贵 方 为 我 方 商 品 做 广 告 / 竖 立 户 外

guǎng gào pái

广 告 牌 。

Penganjur

Selamat datang ke ekspo ini.

huān yíng nín cān jiā běn jiè bó lǎn huì
欢 迎 您 参 加 本 届 博 览 会 。

Singkatan bagi Ekspo China-ASEAN ialah "CAEXPO".

zhōng guó dōng méng bó lǎn huì jiǎn chēng
中 国 – 东 盟 博 览 会 简 称 "CAEXPO" 。

Ekspo China-ASEAN diadakan di Pusat Konvensyen dan Pameran Antarabangsa Nanning pada bulan September tahun ini.

zhōng guó dōng méng bó lǎn huì jīn nián yuè zài nán níng guó jì huì zhǎn
中 国 – 东 盟 博 览 会 今 年 9 月 在 南 宁 国 际 会 展
zhōng xīn jǔ xíng
中 心 举 行 。

Ekspo berlangsung selama empat hari.

huì qī wéi tiān
会 期 为 4 天 。

Ekspo China-ASEAN ialah sebuah ekspo yang bersifat komprehensif dan antarabangsa.

zhōng guó dōng méng bó lǎn huì shì yī gè zōng hé xìng guó jì xìng de bó lǎn huì
中 国 – 东 盟 博 览 会 是 一 个 综 合 性 、 国 际 性 的 博 览 会 。

Ekspo China-ASEAN ialah sebuah ekspo antarabangsa yang bersifat komprehensif untuk perdagangan barangan, kerjasama pelaburan, perdagangan perkhidmatan, forum peringkat tinggi dan interaksi antara budaya.

zhōng guó dōng méng bó lǎn huì shì yī gè kāi zhǎn huò wù mào yì tóu zī hé
中 国 – 东 盟 博 览 会 是 一 个 开 展 货 物 贸 易 、 投 资 合
zuò fú wù mào yì gāo céng lùn tán hé wén huà jiāo liú de zōng hé xìng guó
作 、 服 务 贸 易 、 高 层 论 坛 和 文 化 交 流 的 综 合 性 国
jì bó lǎn huì
际 博 览 会 。

Terdapat banyak negara yang menyertai ekspo ini, dan produk pamerannya juga sangat banyak.

zhè jiè bó lǎn huì de cān zhǎn guó hěn duō　　zhǎn pǐn yě shí fēn fēng fù
这 届 博 览 会 的 参 展 国 很 多 ，　展 品 也 十 分 丰 富 。

Selain China, terdapat juga sepuluh negara anggota ASEAN, iaitu
Vietnam, Thailand, Laos, Kemboja, Singapura, Malaysia, Indonesia,
Filipina, Brunei Darussalam, Myanmar, serta Amerika Syarikat, Jepun,
Korea Selatan dan beberapa buah negara Eropah yang menyertai ekspo ini.

cān jiā běn jiè bó lǎn huì de chú zhōng guó wài　　hái yǒu dōng méng shí guó
参 加 本 届 博 览 会 的 除 中 国 外 ， 还 有 东 盟 十 国 ，
jí yuè nán tài guó lǎo wō jiǎn pǔ zhài　　xīn jiā pō　mǎ lái xī yà　yìn dù
即 越 南、泰 国、老 挝、柬 埔 寨 、 新 加 坡、马 来 西 亚、印 度
ní xī yà　fēi lǜ bīn　wén lái　miǎn diàn　yǐ jí měi guó　rì běn　hán
尼 西 亚、菲 律 宾 、 文 莱、 缅 甸 ， 以 及 美 国、日 本 、 韩
guó hé yī xiē ōu zhōu guó jiā
国 和 一 些 欧 洲 国 家 。

Terus ke hujung dan belok kiri/kanan, kawasan pameran ketiga ialah
pavilion Malaysia.

zhí zǒu dào jìn tóu zuǒ guǎi　yòu guǎi　　dì sān gè zhǎn qū jiù shì mǎ lái xī yà
直 走 到 尽 头 左 拐 / 右 拐 ， 第 三 个 展 区 就 是 马 来 西 亚
zhǎn qū
展 区 。

Sewaan gerai ialah RMB × setiap meter persegi setiap hari.

zhǎn tái zū jīn shì měi tiān měi píng fāng mǐ　　yuán
展 台 租 金 是 每 天 每 平 方 米 × 元 。

Pihak penganjur ekspo menyediakan perkhidmatan jurubahasa kepada
negara yang mengambil bahagian.

bó lǎn huì zhǔ bàn fāng xiàng gè cān zhǎn guó tí gōng fān yì fú wù
博 览 会 主 办 方 向 各 参 展 国 提 供 翻 译 服 务 。

Jurubahasa bagi pasangan bahasa apa yang tuan/puan perlukan?

nín xiǎng qǐng shén me yǔ zhǒng de fān yì
您 想 请 什 么 语 种 的 翻 译 ？

Mengikut peraturan pihak penganjur ekspo, pembeli boleh membuat
tempahan daripada penjual jika berpuas hati dengan sampel, atau terus
membeli sampel yang dipamerkan dalam ekspo.

bó lǎn huì guī dìng　　mǎi fāng kàn hǎo yàng pǐn jiù kě yǐ xiàng mài fāng dìng
博 览 会 规 定 ， 买 方 看 好 样 品 就 可 以 向 卖 方 订

gòu　　　yě kě yǐ dāng chǎng gòu mǎi yàng pǐn
购 ， 也 可 以 当 场 购 买 样 品 。

Reputasi syarikat tersebar, dan jualan produk meningkat melalui pengiklanan.

tōng guò guǎng gào xuān chuán　　tí gāo qǐ yè zhī míng dù　dǎ kāi chǎn pǐn xiāo lù
通 过 广 告 宣 传 ， 提 高 企 业 知 名 度, 打 开 产 品 销 路。

Kosa kata

补充词汇

rak pameran 陈列架	berunding 咨询
membuat perjanjian 签合同	reruai 展位
model 模型	promoter 产品讲解员
produk tempatan 土特产	seramik 陶瓷
perdagangan antarabangsa 对外贸易	

Sidang Kemuncak Perniagaan dan Pelaburan China-ASEAN
中国-东盟商务与投资峰会

Lawatan kerja ekonomi dan perdagangan
jīng mào kǎo chá
经 贸 考 察

Provinsi/Wilayah autonomi/Bandar di bawah pentadbiran kerajaan pusat kami mengadakan lawatan kerja ekonomi dan perdagangan ke Malaysia/ Indonesia/Brunei Darussalam.

wǒ men shěng　zì zhì qū　zhí xiá shì jué dìng zǔ tuán qián wǎng mǎ lái xī yà
我 们 省 / 自 治 区 / 直 辖 市 决 定 组 团 前 往 马 来 西 亚 /
yìn dù ní xī yà　wén lái jìn xíng jīng mào kǎo chá
印 度 尼 西 亚 / 文 莱 进 行 经 贸 考 察 。

Rombongan delegasi ini dianggotai oleh pemimpin pelbagai syarikat perusahaan dan korporat.

dài biǎo tuán yóu gè qǐ yè　　gōng sī de fù zé rén zǔ chéng
代 表 团 由 各 企 业 、 公 司 的 负 责 人 组 成 。

Tugas kami adalah untuk menyelidik keadaan perkembangan dan pasaran tentang industri dan pertanian di provinsi Henan, China.

wǒ men de rèn wu shì kǎo chá zhōng guó hé nán shěng gōng yè　　nóng yè de fā
我 们 的 任 务 是 考 察 中 国 河 南 省 工 业 、 农 业 的 发
zhǎn qíng kuàng hé shì chǎng qíng kuàng
展 情 况 和 市 场 情 况 。

Malaysia mempunyai permintaan yang tinggi terhadap motosikal.

mǎ lái xī yà duì mó tuō chē de xū qiú liàng hěn dà
马 来 西 亚 对 摩 托 车 的 需 求 量 很 大 。

Kami bercadang untuk mengadakan kajian tentang kemungkinan pelaburan dan pembinaan kilang pengeluaran motosikal.

wǒ men nǐ jiù tóu zī shè chǎng shēng chǎn mó tuō chē de kě xíng xìng jìn xíng
我 们 拟 就 投 资 设 厂 生 产 摩 托 车 的 可 行 性 进 行
kǎo chá
考 察 。

Kerajaan tempatan dan orang ramai menyambut baik projek ini.

dāng dì zhèng fǔ hé qún zhòng duì zhè yī jì huà hěn huān yíng
当 地 政 府 和 群 众 对 这 一 计 划 很 欢 迎 。

Kos rendah dan margin keuntungan besar jika kilang pengeluaran motosikal dibuka di sini.

zài dāng dì shè chǎng shēng chǎn mó tuō chē chéng běn dī　　yíng lì kōng jiān dà
在 当 地 设 厂 生 产 摩 托 车 成 本 低 、 盈 利 空 间 大 。

Kos pekerja tempatan murah, bekalan air dan elektrik mencukupi, dan kemudahan pengangkutan juga disediakan.

dāng dì de láo dòng lì hěn lián jià　　shuǐ diàn gōng yìng chōng zú　jiāo tōng fāng biàn
当 地 的 劳 动 力 很 廉 价 , 水 电 供 应 充 足 , 交 通 方 便 。

Tapak untuk membina kilang tidak menjadi masalah, kerana kilang pengeluaran jentera yang sedia ada boleh diubah suai, atau didirikan bangunan kilang baharu.

gōng chǎng de yòng dì bù chéng wèn tí　　kě yǐ gǎi jiàn yuán yǒu de jī xiè
工 厂 的 用 地 不 成 问 题 , 可 以 改 建 原 有 的 机 械
chǎng　　yě kě yǐ jiàn shè xīn chǎng fáng
厂 , 也 可 以 建 设 新 厂 房 。

Barang keperluan harian dan alatan rumah yang diperbuat oleh China sangat popular dan mempunyai pasaran yang luas.

zhōng guó shēng chǎn de shēng huó rì yòng pǐn jiā diàn chǎn pǐn hěn shòu
中 国 生 产 的 生 活 日 用 品 、 家 电 产 品 很 受
huān yíng shì chǎng hěn dà
欢 迎 , 市 场 很 大 。

Kita boleh bekerjasama dengan syarikat tempatan untuk mewujudkan rangkaian jualan dan membawa produk tempatan ke pasaran antarabangsa.

wǒ men kě yǐ hé dāng dì de gōng sī hé zuò jiàn lì xiāo shòu wǎng luò bǎ
我 们 可 以 和 当 地 的 公 司 合 作 , 建 立 销 售 网 络 , 把
chǎn pǐn dǎ dào guó wài shì chǎng qù
产 品 打 到 国 外 市 场 去 。

Kami telah berunding dengan ketua jabatan yang berkaitan di Malaysia mengenai prospek kerjasama ekonomi dan perdagangan antara kedua-dua pihak.

wǒ men yǔ mǎ lái xī yà yǒu guān bù mén fù zé rén jiù shuāng fāng kāi zhǎn jīng
我 们 与 马 来 西 亚 有 关 部 门 负 责 人 就 双 方 开 展 经
mào hé zuò de qián jǐng jìn xíng le qià tán
贸 合 作 的 前 景 进 行 了 洽 谈 。

Rundingan membuahkan hasil positif.

tán pàn qǔ dé le jī jí de chéng guǒ
谈 判 取 得 了 积 极 的 成 果 。

Kedua-dua pihak bersetuju untuk mengadakan kerjasama ekonomi dan perdagangan berasaskan faedah bersama.

shuāng fāng tóng yì zài hù huì hù lì de jī chǔ shang kāi zhǎn jīng mào hé zuò
双 方 同 意 在 互 惠 互 利 的 基 础 上 开 展 经 贸 合 作 。

Perdagangan

mào yì
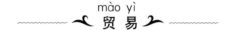
贸 易

Penjual

卖 方

Dicadangkan supaya kedua-dua belah pihak mengadakan perundingan tentang kualiti dan harga produk.

wǒ jiàn yì shuāng fāng jiù chǎn pǐn de zhì liàng hé jià gé jìn xíng tán pàn
我 建 议 双 方 就 产 品 的 质 量 和 价 格 进 行 谈 判 。

Kami memperkenalkan produk kami secara ringkas kepada tuan/puan.
wǒ men xiàng nín jiǎn dān jiè shào yī xià wǒ men de chǎn pǐn
我 们 向 您 简 单 介 绍 一 下 我 们 的 产 品 。

Kebanyakan produk kami dieksport.
wǒ men de chǎn pǐn dà bù fen yòng yú chū kǒu
我 们 的 产 品 大 部 分 用 于 出 口 。

Produk kami mendapat sambutan hangat di pasaran.
wǒ men de chǎn pǐn zài shì chǎng shang shì xiāo duì lù
我 们 的 产 品 在 市 场 上 适 销 对 路 。

Inilah sampel kami.
zhè shì wǒ men de yàng pǐn
这 是 我 们 的 样 品 。

Harga FOB beras/minyak sawit kami adalah RMB × setiap tan.
wǒ men de dà mǐ zōng lú yóu lí àn jià wéi měi dūn yuán
我 们 的 大 米 / 棕 榈 油 离 岸 价 为 每 吨 × 元 。

Harga kami lebih rendah daripada syarikat lain.
wǒ men de bào jià bǐ bié de gōng sī dī
我 们 的 报 价 比 别 的 公 司 低 。

Kami akan menurunkan harga sebanyak 5%.
wǒ men zhǔn bèi jiàng jià
我 们 准 备 降 价 5% 。

Sila hantar pesanan kepada kami secepat mungkin.
qǐng jǐn kuài bǎ dìng dān gěi wǒ men jì lái
请 尽 快 把 订 单 给 我 们 寄 来 。

Kami telah menyediakan kontrak, sila baca/turunkan tandatangan.
wǒ men yǐ jīng zhǔn bèi hǎo le hé tóng qǐng nín guò mù qiān zì
我 们 已 经 准 备 好 了 合 同 , 请 您 过 目 / 签 字 。

Produk eksport kami memerlukan pihak pembeli menyediakan surat kredit.
wǒ men chū kǒu chǎn pǐn shí yāo qiú mǎi fāng kāi chū xìn yòng zhèng
我 们 出 口 产 品 时 要 求 买 方 开 出 信 用 证 。

Kami berjanji untuk menghantar barangan dalam 8 bulan.

wǒ men chéng nuò　gè yuè fā huò
我 们 承 诺 8 个 月 发 货 。

Dengan sukacita dimaklumkan bahawa barangan No. × dalam kontrak sudah dimuat naik ke kapal dan dihantar. Nombor muatan kapal ialah × ×.

wǒ men hěn gāo xìng de tōng zhī nín　hé tóng xiàng xià dì　diǎn huò wù yǐ
我 们 很 高 兴 地 通 知 您 ， 合 同 项 下 第 × 点 货 物 已
zhuāng chuán fā yùn zhuāng chuán dān hào wéi
装 船 发 运 ， 装 船 单 号 为 × × 。

Pembeli

Minta sediakan sebut harga bagi 500 tan minyak sawit yang dihantar dari Kuala Lumpur ke Nanning.

qǐng nín jiāng　　dūn zōng lú yóu cóng jí lóng pō dào nán níng de jià gé bào gěi
请 您 将 500 吨 棕 榈 油 从 吉 隆 坡 到 南 宁 的 价 格 报 给
wǒ men
我 们 。

Harga daripada pihak tuan/puan terlalu tinggi.

nín de bào jià tài gāo le
您 的 报 价 太 高 了 。

Saya berharap pihak tuan/puan dapat menurunkan harga.

wǒ xī wàng nín zài jià gé fāng miàn zuò yī xiē ràng bù
我 希 望 您 在 价 格 方 面 作 一 些 让 步 。

Untuk jumlah dagangan ini, kos kami akan meningkat jika surat kredit diperlukan.

zhè yàng yī gè jiāo yì é　rú guǒ kāi xìn yòng zhèng　huì zēng jiā wǒ men de
这 样 一 个 交 易 额 ， 如 果 开 信 用 证 ， 会 增 加 我 们 的
chéng běn
成 本 。

Kami meminta supaya penghantaran semua barangan ini disempurnakan dalam dua kelompok.

wǒ men yāo qiú nǐ men jiāng suǒ yǒu huò wù fēn liǎng pī fā wán
我 们 要 求 你 们 将 所 有 货 物 分 两 批 发 完 。

Sila percepatkan penghantaran selepas menerima surat kredit kami.

qǐng shōu dào wǒ men de xìn yòng zhèng hòu jiā jǐn zhuāng chuán fā yùn
请 收 到 我 们 的 信 用 证 后 加 紧 装 船 发 运 。

Kosa kata

补 充 词 汇

tanya harga 询价	RFQ（permohonan sebut harga）询价单
sebut harga 报价	tawaran tidak kukuh 虚盘
tawaran kukuh 实盘	memberi tawaran 报盘
pertanyaan 询盘	harga kontrak hadapan 期货价
harga seketika 现货价	jenama terkenal 名牌
barangan berjenama 名牌货	barangan mutu rendah 低档货
barangan mutu tinggi 高档货	barangan laris 畅销货
terlaris 畅销	promosi 促销
kaedah pembayaran 付款方式	

Pelaburan

tóu zī
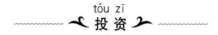
投 资

Pelabur

投 资 方

Kami ingin melabur di tempat tuan/puan dengan membina kilang pemprosesan produk pertanian dan sampingan.

wǒ men yào zài guì dì tóu zī　jiàn lì nóng fù chǎn pǐn jiā gōng chǎng
我 们 要 在 贵 地 投 资，建 立 农 副 产 品 加 工　厂 。

Dianggarkan bahawa × tan produk pertanian dan sampingan akan diproses setiap tahun, dan produk itu boleh dijual di dalam negara dan dieksport.

yù jì nián jiā gōng nóng fù chǎn pǐn　dūn　chǎn pǐn kě gōng nèi xiāo hé
预 计 年 加 工 农 副 产 品 × 吨， 产 品 可 供 内 销 和

chū kǒu
出 口 。

Jumlah pelaburan kilang ini ialah 1.2 juta yuan. Syarikat kami memegang 49% saham, manakala pihak tuan/puan memegang 51%.

gāi chǎng de tóu zī zǒng é wéi　　　wàn yuán　　wǒ gōng sī zhàn yǒu gǔ fèn
该 厂 的 投 资 总 额 为 120 万 元 ， 我 公 司 占 有 股 份

guì fāng zhàn
49%，贵 方 占 51% 。

Kaedah pelaburan kami adalah dengan menyediakan 70% modal, teknologi dan kemudahan utama.

wǒ men de tóu zī fāng shì shì tí gōng　　　de zī jīn　yǐ jí jì shù hé zhǔ yào
我 们 的 投 资 方 式 是 提 供 70% 的 资 金 ，以 及 技 术 和 主 要

shè bèi
设 备 。

Sudahkah laporan kajian kebolehlaksanaan kami diluluskan?

wǒ men de kě xíng xìng yán jiū bào gào yǐ jīng huò dé pī zhǔn le ma
我 们 的 可 行 性 研 究 报 告 已 经 获 得 批 准 了 吗 ？

Apakah dasar keistimewaan yang pihak tuan/puan berikan kepada kami?

guì fāng gěi wǒ men shén me yōu huì zhèng cè
贵 方 给 我 们 什 么 优 惠 政 策 ？

Kita boleh menandatangani kontrak usaha sama serta menetapkan peraturan yang berkaitan.

wǒ men kě yǐ qiān dìng hé zī qǐ yè de hé tóng hé zhì dìng xiāng guān de zhāng
我 们 可 以 签 订 合 资 企 业 的 合 同 和 制 定 相 关 的 章

chéng le
程 了 。

Bolehkah kita berbincang tentang pengagihan keuntungan syarikat?

wǒ men lái tǎo lùn gōng sī de shōu yì fēn pèi wèn tí　hǎo ma
我 们 来 讨 论 公 司 的 收 益 分 配 问 题 ，好 吗 ？

Kontrak kita sah selama 30 tahun.

wǒ men de hé tóng yǒu xiào qī wéi　　nián
我 们 的 合 同 有 效 期 为 30 年 。

Selepas tamat tempoh operasi koperasi, hak milik syarikat dipulangkan kepada pihak tuan/puan.

hé zuò jīng yíng qī mǎn hòu　gōng sī de chǎn quán guī guì fāng suǒ yǒu
合 作 经 营 期 满 后 ， 公 司 的 产 权 归 贵 方 所 有 。

Rakan kerjasama
合 作 方

Syarikat tuan/puan dialu-alukan untuk melabur dan membina kilang di bandar kami.

huān yíng guì gōng sī lái wǒ shì tóu zī shè chǎng
欢 迎 贵 公 司 来 我 市 投 资 设 厂 。

Kami akan memudahkan urusan syarikat tuan/puan.

wǒ men huì wèi guì gōng sī tí gōng fāng biàn
我 们 会 为 贵 公 司 提 供 方 便 。

Kami boleh menubuhkan syarikat secara usaha sama dengan pihak tuan/puan bagi membina kilang pemprosesan produk pertanian/syarikat pakaian berhad.

wǒ men kě yǐ yǔ guì gōng sī hé zī jiàn lì nóng chǎn pǐn jiā gōng chǎng chéng
我 们 可 以 与 贵 公 司 合 资 建 立 农 产 品 加 工 厂 / 成

yī gǔ fèn yǒu xiàn gōng sī
衣 股 份 有 限 公 司 。

Saya berpendapat bahawa kadar peratusan hak milik syarikat kami dalam usaha sama ini perlu ditingkatkan.

wǒ rèn wéi wǒ gōng sī zài hé zī zǒng é zhōng suǒ zhàn bǐ lì yīng gāi tí gāo
我 认 为 我 公 司 在 合 资 总 额 中 所 占 比 例 应 该 提 高

yī xiē
一 些 。

Bagi memastikan syarikat kita dapat ditubuhkan dalam masa terdekat, mohon disegerakan penyerahan dana pelaburan.

wèi shǐ gōng sī jǐn kuài kāi yè qǐng guì fāng jǐn kuài huì lái tóu zī zī jīn
为 使 公 司 尽 快 开 业 , 请 贵 方 尽 快 汇 来 投 资 资 金 。

Sila lengkapkan pendaftaran perusahaan secepat mungkin dan dapatkan lesen perniagaan.

qǐng jǐn kuài bàn lǐ qǐ yè zhù cè dēng jì bìng lǐng qǔ yíng yè zhí zhào
请 尽 快 办 理 企 业 注 册 登 记 , 并 领 取 营 业 执 照 。

Sila buka akaun di bank dan lengkapkan pendaftaran cukai di jabatan cukai.

qǐng dào yín háng kāi hù bìng dào shuì wù jī guān bàn lǐ nà shuì dēng jì
请 到 银 行 开 户 , 并 到 税 务 机 关 办 理 纳 税 登 记 。

Mengikut dasar keistimewaan kerajaan China, kami memberi syarikat tuan/puan layanan yang sama seperti perusahaan China.

gēn jù zhōng guó zhèng fǔ de yōu huì zhèng cè　wǒ men jǐ yǔ guì gōng sī yǔ
根 据 中 国 政 府的优 惠 政 策， 我 们 给予贵 公 司 与
zhōng guó qǐ yè tóng děng de dài yù
中 国 企业同 等 的待 遇 。

Untuk menggalakkan pelaburan, kami memberikan pengecualian atau pemotongan cukai yang tertentu.

wèi le gǔ lì tóu zī　wǒ men jǐ yǔ yī dìng de shuì shōu jiǎn miǎn
为 了鼓 励投资， 我 们 给予一 定 的 税 收 减 免 。

Kosa kata
补 充 词 汇

saham 股票

modal saham 股本

pemegang saham 股东

dividen 股利

ekuiti 股权

usaha sama China dengan negara asing 中外合资企业

perusahaan milik asing sepenuhnya 外国独资企业

masuk pasaran antarabangsa 打入国际市场

menyertai persaingan antarabangsa 参加国际竞争

Mempelawa tender dan membida tender
zhāo biāo hé tóu biāo
招 标 和投 标

Pembida tender

Saya membaca pelawaan tender tuan/puan dalam Internet.

wǒ zài wǎng shàng kàn dào le nǐ men de zhāo biāo gōng gào
我在 网 上 看 到 了你 们 的 招 标 公 告 。

Saya ingin mendapatkan maklumat lanjut tentang tender ini.

wǒ xiǎng liǎo jiě guān yú zhè cì zhāo biāo de jù tǐ xì jié
我 想 了解 关 于 这 次 招 标 的 具体 细节 。

Adakah pelawaan tender antarabangsa ini masih sah?

zhè yī guó jì zhāo biāo gōng gào shì fǒu hái yǒu xiào
这 一 国 际 招 标 公 告 是 否 还 有 效 ？

Bilakah tarikh tutup tender?

zhāo biāo jié zhǐ rì qī dìng zài nǎ yī tiān
招 标 截 止 日 期 定 在 哪 一 天 ？

Bilakah bahan prasemakan kelayakan akan diberikan?

zī gé yù shěn cái liào hé shí fā fàng
资 格 预 审 材 料 何 时 发 放 ？

Bilakah tender dikeluarkan?

hé shí fā biāo
何 时 发 标 ？

Bilakah tender diumumkan?

hé shí kāi biāo
何 时 开 标 ？

Permohonan prasemakan kelayakan harus ditulis dalam bahasa apa?

zī gé yù shěn shēn qǐng shū yòng shén me wén zì shū xiě
资 格 预 审 申 请 书 用 什 么 文 字 书 写 ？

Penender

招 标 人

Jabatan Kerja Raya mengeluarkan tender antarabangsa bagi pembinaan
Lebuh Raya ×.

gōng gòng gōng chéng bù jiù xiū jiàn   gōng lù fā chū guó jì xìng zhāo biāo
公 共 工 程 部 就 修 建 × 公 路 发 出 国 际 性 招 标 。

Hanya perusahaan yang lulus prasemakan kelayakan boleh membida
tender.

zhǐ yǒu tōng guò zī gé yù shěn de qǐ yè cái néng cān jiā tóu biāo
只 有 通 过 资 格 预 审 的 企 业 才 能 参 加 投 标 。

Orang sebenar atau orang jurudikal yang mempunyai keahlian Bank
Pembangunan Asia baru berkelayakan untuk menyertai prasemakan.

yà zhōu kāi fā yín háng chéng yuán de zì rán rén huò fǎ rén cái yǒu zī gé cān jiā
亚 洲 开 发 银 行 成 员 的 自 然 人 或 法 人 才 有 资 格 参 加
yù shěn
预 审 。

Bahan prasemakan kelayakan telah dikeluarkan oleh Kementerian
Perumahan dan Pembangunan Bandar dan Desa China pada 20hb. Januari.

zī gé yù shěn cái liào   yuè   rì yóu zhù fáng hé chéng xiāng jiàn shè bù fā
资 格 预 审 材 料 1 月 20 日 由 住 房 和 城 乡 建 设 部 发
fàng
放 。

Syarikat yang menyertai prasemakan kelayakan hendaklah mengemukakan
permohonan sebelum jam 12 tengah hari 10hb. April.

cān jiā zī gé yù shěn de gōng sī yīng yú   yuè   rì   shí qián tí jiāo zī gé
参 加 资 格 预 审 的 公 司 应 于 4 月 10 日 12 时 前 提 交 资 格
shēn qǐng
申 请 。

Surat prasemakan kelayakan hendaklah ditulis dalam bahasa Inggeris atau
bahasa Melayu.

zī gé yù shěn shēn qǐng shū yīng yòng yīng wén huò mǎ lái wén shū xiě
资 格 预 审 申 请 书 应 用 英 文 或 马 来 文 书 写 。

Syarikat tuan/puan telah lulus permohonan prasemakan kelayakan.

guì gōng sī de zī gé yù shěn yǐ huò tōng guò
贵 公 司 的 资 格 预 审 已 获 通 过 。

Kontraktor dipelawa untuk membeli dokumen tender.

qǐng chéng bāo rén lái gòu mǎi biāo shū
请 承 包 人 来 购 买 标 书 。

Projek termasuk pembersihan tapak pembinaan, penurapan permukaan
jalan dan pemasangan papan tanda jalan.

gōng chéng bāo kuò chǎng dì qīng lǐ   lù miàn pū shè hé lù biāo ān zhuāng
工 程 包 括 场 地 清 理、路 面 铺 设 和 路 标 安 装 。

Tempoh projek selama 18 bulan.

shī gōng qī xiàn wéi   gè yuè
施 工 期 限 为 18 个 月 。

Tempoh untuk kontraktor membuat dokumen tender adalah 60 hari.

chéng bāo rén zuò biāo shū de shí jiān wéi　　tiān
承 包 人 做 标 书 的 时 间 为 60 天 。

Pengeluaran tender dijadualkan pada bulan April.

yù dìng　yuè fèn fā biāo
预 定 4 月 份 发 标 。

Nama dan alamat kontraktor perlu dinyatakan dalam surat hasrat pembidaan tender.

tóu biāo yì xiàng shū yīng xiě míng chéng bāo zhě de míng chēng jí dì zhǐ
投 标 意 向 书 应 写 明 承 包 者 的 名 称 及 地 址 。

Deposit keselamatan atau deposit keselamatan bersama sebanyak 1% daripada jumlah tender perlu dibayar untuk setiap permohonan.

měi fèn biāo shū yīng jiǎo nà biāo liàng zǒng é bǎi fēn zhī yī de bǎo zhèng jīn huò
每 份 标 书 应 缴 纳 标 量 总 额 百 分 之 一 的 保 证 金 或
lián dài bǎo zhèng jīn
连 带 保 证 金 。

Masa tutup tender adalah pada jam 12 tengah hari 1hb. Jun.

tóu biāo jié zhǐ shí jiān wéi　yuè　rì　shí
投 标 截 止 时 间 为 6 月 1 日 12 时 。

Tender dipelawa pada 5hb. Ogos.

　yuè　rì gōng kāi zhāo biāo
8 月 5 日 公 开 招 标 。

Notis penawaran tender akan dihantar dalam tempoh 3 hari kepada pembida yang berjaya.

zhòng biāo tōng zhī shū　tiān hòu sòng dào zhòng biāo rén shǒu zhōng
中 标 通 知 书 3 天 后 送 到 中 标 人 手 中 。

Ujian penerimaan akan dilakukan pada tarikh siap projek.

zài gōng chéng jùn gōng rì jìn xíng yàn shōu
在 工 程 竣 工 日 进 行 验 收 。

Perubatan

yī liáo
医 疗

Rawatan

zhì liáo
治疗

Pesakit

 病 人

Saya kurang sihat baru-baru ini. Saya berasa pening kepala/sukar bernafas/
sakit perut/loya.

wǒ zuì jìn bù tài shū fu　gǎn jué tóu yūn　hū xī kùn nan　dù zi téng　xiǎng tù
我 最 近 不 太 舒 服，感 觉 头 晕 / 呼 吸 困 难 / 肚 子 疼 / 想 吐。

Saya mahu membuat pemeriksaan kesihatan di stesen pencegahan wabak/
hospital/hospital perubatan tradisional Cina.

wǒ xiǎng dào fáng yì zhàn　xī yī yuàn　zhōng yī yuàn jìn xíng tǐ jiǎn
我 想 到 防 疫 站 / 西 医 院 / 中 医 院 进 行 体 检。

Saya sakit kepala/sakit tekak/sakit gigi/sakit perut semasa bangun pagi.

wǒ zǎo shang qǐ lái jiù gǎn dào tóu tòng　hóu lóng tòng　yá tòng　wèi tòng
我 早 上 起 来 就 感 到 头 痛 / 喉 咙 痛 / 牙 痛 / 胃 痛。

Saya ingin dirawat di Jabatan Perubatan Dalaman/Jabatan Pembedahan/
Jabatan Ginekologi/Jabatan Stomatologi.

wǒ yào kàn nèi kē　wài kē　fù kē　kǒu qiāng kē
我 要 看 内 科 / 外 科 / 妇 科 / 口 腔 科。

Saya sakit/demam.

wǒ bìng le　fā shāo le
我 病 了 / 发 烧 了。

Saya berkemungkinan selsema. Badan saya sekejap sejuk sekejap panas.

wǒ kě néng gǎn mào le　shēn tǐ yī huìr　lěng yī huìr　rè
我可能感冒了，身体一会儿冷一会儿热。

Saya mengalami tekanan darah tinggi/tekanan darah rendah/penyakit jantung.

wǒ yǒu gāo xuè yā　dī xuè yā　xīn zàng bìng
我有高血压/低血压/心脏病。

Malam semalam suhu badan saya 39°C dan saya batuk tanpa henti.

zuó wǎn wǒ de tǐ wēn gāo dá　shè shì dù　hái ké gè bù tíng
昨晚我的体温高达39摄氏度，还咳个不停。

Saya sakit seluruh badan dan sentiasa bersin.

wǒ zhōu shēn téng tòng　lǎo dǎ pēn tì
我周身疼痛，老打喷嚏。

Saya mengalami cirit-birit/sembelit.

wǒ lā dù zi　biàn mì
我拉肚子/便秘。

Saya alah kepada penisilin.

wǒ duì qīng méi sù guò mǐn
我对青霉素过敏。

Doktor

Buat imbasan CT dahulu.

xiān zuò yī gè　jiǎn chá
先做一个CT检查。

Buat ujian darah/kencing/najis.

qù yàn xiě　xiǎo biàn　dà biàn
去验血/小便/大便。

Apa masalahnya?

nǎr　bù shū fu
哪儿不舒服？

Sakit di mana?

nǎr　tòng
哪儿痛？

Berapa lamakah gejala ini berlaku?

zhè zhǒng zhèng zhuàng yǒu duō cháng shí jiān le

这 种 症 状 有 多 长 时 间 了？

Pernahkah dirawat sebelum ini?

yǐ qián zhì liáo guo ma

以 前 治 疗 过 吗？

Kamu menghidapi apendisitis.

nǐ dé de shì lán wěi yán

你 得 的 是 阑 尾 炎 。

Kamu perlu masuk wad.

nǐ děi zhù yuàn

你 得 住 院 。

Kamu perlu menjalani pembedahan.

nǐ děi dòng shǒu shù

你 得 动 手 术 。

Dia menghidapi AIDS/kusta/kolera.

tā dé de shì ài zī bìng má fēng bìng huò luàn

他 得 的 是 艾 滋 病 / 麻 风 病 / 霍 乱 。

Dia menghidapi psoriasis/disenteri/tuberkulosis.

tā dé de shì niú pí xuǎn lì ji fèi jié hé

他 得 的 是 牛 皮 癣 / 痢 疾 / 肺 结 核 。

Mesti dirawat secara isolasi.

bì xū gé lí zhì liáo

必 须 隔 离 治 疗 。

Dia memerlukan darah.

tā xū yào shū xuè

他 需 要 输 血 。

Berikan suntikan vaksin kepada dia.

gěi tā dǎ yù fáng zhēn

给 他 打 预 防 针 。

Penyakit kamu tidak teruk sangat dan akan sembuh tidak lama kemudian,

jangan risau.

nǐ de bìng méi shén me dà ài　　hěn kuài jiù huì hǎo de　　fàng xīn ba
你 的 病 没 什 么 大 碍， 很 快 就 会 好 的， 放 心 吧 。

Jaga diri baik-baik.
nǐ yào duō bǎo zhòng a
你 要 多 保 重 啊 。

Ambil preskripsi kamu.
zhè shì nǐ de chǔ fāng
这 是 你 的 处 方 。

Lakukan ujian kulit sebelum suntikan.
dǎ zhēn zhī qián yào zuò pí shì
打 针 之 前 要 做 皮 试 。

Ambil ubat ini sebelum/selepas makan.
zhè yào fàn qián　fàn hòu fú yòng
这 药 饭 前 / 饭 后 服 用 。

Ubat ini untuk disapu dan bukan untuk dimakan.
zhè yào bù néng nèi fú　　zhǐ néng wài yòng
这 药 不 能 内 服， 只 能 外 用 。

Keterangan tentang ubat ini ada di dalam kotak.
yào de shuō míng shū zài hé zi li
药 的 说 明 书 在 盒 子 里 。

Ambil 3 kali sehari dan 5 biji setiap kali.
měi tiān fú　　cì　　měi cì　　kē
每 天 服 3 次， 每 次 5 颗 。

Tablet ini diambil setiap 12 jam.
zhè xiē yào piàn měi　　xiǎo shí fú　　cì
这 些 药 片 每 12 小 时 服 1 次 。

Ubat mata ini dititiskan 3 kali sehari.
yǎn yào shuǐ měi tiān dī　　cì
眼 药 水 每 天 滴 3 次 。

Goncang sebati sebelum minum.
fú yòng qián qǐng yáo yún
服 用 前 请 摇 匀 。

Jangan minum alkohol/makan makanan masam/makan makanan pedas semasa mengambil ubat.

fú yào qī jiān bù néng hē jiǔ / chī suān de dōng xi / chī là de dōng xi
服 药 期 间 不 能 喝 酒 / 吃 酸 的 东 西 / 吃 辣 的 东 西 。

Sekiranya terdapat kesan sampingan, hentikan pengambilannya dengan serta-merta.

rú yǒu fù zuò yòng mǎ shàng tíng zhǐ fú yòng
如 有 副 作 用， 马 上 停 止 服 用 。

Kosa kata

补 充 词 汇

Stesen Perkhidmatan Perubatan Kecemasan 急救站

rumah penjagaan 疗养院	Jabatan Pesakit Luar 门诊部
kaunter pendaftaran 挂号处	Jabatan Obstetrik 产科
Jabatan Tuberkulosis 结核科	Jabatan Dermatologi 皮肤科
Jabatan Sinar-X 放射科	Jabatan Neurologi 神经科
makmal 化验室	reumatisme 风湿病
artritis 关节炎	denggi 登革热
malaria 疟疾	hepatitis 肝炎

Di farmasi

zài yào diàn
在 药 店

Pelanggan

Inilah preskripsi saya.

zhè shì wǒ de yào fāng
这 是 我 的 药 方 。

Bolehkah tuan/puan sediakan ubat mengikut preskripsi saya?

nín néng gěi wǒ zhuā chǔ fāng shang de yào ma
您 能 给 我 抓 处 方 上 的 药 吗 ？

Adakah kedai tuan/puan menjual aspirin/kuinina/pil tidur/plaster/pembalut di sini?

nín zhèr néng mǎi dào ā sī pǐ lín kuí níng ān mián yào jiāo bù bēng dài
您 这 儿 能 买 到 阿 司 匹 林 / 奎 宁 / 安 眠 药 / 胶 布 / 绷 带
ma
吗 ？

Saya mahu beli ubat selsema.

wǒ xiǎng mǎi diǎn gǎn mào yào
我 想 买 点 感 冒 药 。

Bagaimanakah ubat ini dimakan?

zhè xiē yào zěn me yòng
这 些 药 怎 么 用 ？

Berapakah ringgit saya patut bayar?

wǒ yīng fù duō shao lín jí tè
我 应 付 多 少 林 吉 特 ？

Penjual ubat

Ubat ini memerlukan preskripsi.

zhè zhǒng yào yào yǒu chǔ fāng cái néng mǎi
这 种 药 要 有 处 方 才 能 买 。

Ubat ini tidak boleh dijual tanpa preskripsi.

zhè zhǒng yào méi yǒu chǔ fāng bù néng mài
这 种 药 没 有 处 方 不 能 卖 。

Adakah kamu mahu ubat sapu atau ubat makan?

nǐ yào wài yòng yào hái shi nèi fú yào
你 要 外 用 药 还 是 内 服 药 ？

Ubat ini ditelan/diambil dengan air.

zhè xiē yào tūn fú yòng shuǐ chōng fú
这 些 药 吞 服 / 用 水 冲 服 。

3 kali sehari dan 2 biji setiap kali.

měi tiān cì měi cì kē
每 天 3 次， 每 次 2 颗 。

Ubat ini diambil setiap 4 jam.

zhè xiē yào měi xiǎo shí fú cì
这 些 药 每 4 小 时 服 1 次 。

Ambil 3 titisan ubat ini pada setiap waktu pagi, tengah hari dan malam.

zhè zhǒng yào zǎo zhōng wǎn gè fú dī
这 种 药 早、中、 晚 各 服 3 滴 。

Jangan melebihi dos yang ditetapkan.

bù yào chāo guò guī dìng de fú yòng liàng
不 要 超 过 规 定 的 服 用 量 。

Ambil perhatian bahawa ubat ini boleh menyebabkan rasa mengantuk.

zhù yì zhè xiē yào huì shǐ rén xiǎng shuì jiào
注 意， 这 些 药 会 使 人 想 睡 觉 。

Minum air banyak-banyak.

yào duō hē shuǐ
要 多 喝 水 。

Jangan minum alkohol semasa rawatan.

zhì liáo qī jiān bù yào hē jiǔ
治 疗 期 间 不 要 喝 酒 。

Sekiranya terdapat kesan sampingan, kamu mesti berhenti mengambil ubat
ini dengan serta-merta.

rú yǒu fù zuò yòng　　nǐ bì xū mǎ shàng tíng fú cǐ yào
如 有 副 作 用 ， 你 必 须 马 上 停 服 此 药 。

Kosa kata
补 充 词 汇

atropin 阿托品

antimisin 抗霉素

antivenom 抗毒血清

alkohol 酒精

pil pencegah kehamilan 避孕药

antibiotik 抗生素

tinktur iodin 碘酒

Belajar

xué xí

学 习

Awak belajar di universiti mana?

nǐ zài nǎ yī suǒ dà xué xué xí

你 在 哪 一 所 大 学 学 习？

Awak dari fakulti mana?

nǐ shì nǎ ge xué yuàn de

你 是 哪 个 学 院 的？

Apa program yang awak ambil?

nǐ dú shén me zhuān yè

你 读 什 么 专 业？

Berapa lamakah tempoh pengajian untuk program ini?

zhè ge zhuān yè xué zhì duō cháng

这 个 专 业 学 制 多 长？

Dia pelajar tahun berapa?

tā shì nǎ ge nián jí de xué shēng

他 是 哪 个 年 级 的 学 生？

Pernahkah kamu belajar di sekolah menengah tinggi?

nǐ shàng guo gāo zhōng ma

你 上 过 高 中 吗？

Abang dan adik perempuan awak belajar di mana?

nǐ de gē ge hé mèi mei zài nǎ lǐ dú shū

你 的 哥 哥 和 妹 妹 在 哪 里 读 书？

Siapakah berjaya ditawarkan program pengajian sarjana?

shéi kǎo shàng le shuò shì yán jiū shēng

谁 考 上 了 硕 士 研 究 生？

Bilakah pendaftaran bermula di sekolah/universiti kamu?
nǐ men xué xiào shén me shí hou zhù cè
你 们 学 校 什 么 时 候 注 册？

Berapa kelaskah dalam sehari?
yī tiān shàng jǐ jié kè
一 天 上 几 节 课？

Berapakah yuran untuk satu tahun?
yī nián de xué fèi shì duō shao
一 年 的 学 费 是 多 少 ？

Adakah awak lulus dalam semua subjek?
nǐ de gōng kè mén mén dōu jí gé ma
你 的 功 课 门 门 都 及 格 吗？

Siapakah yang perlu mengambil peperiksaan ulangan bagi subjek
matematik?
shéi de shù xué yào bǔ kǎo
谁 的 数 学 要 补 考 ？

Bilakah dia mendapat ijazah?
tā shén me shí hou bì yè
他 什 么 时 候 毕 业 ？

Diploma dia dari universiti mana?
tā yǒu nǎ suǒ dà xué de wén píng
他 有 哪 所 大 学 的 文 凭 ？

Menjawab

 回 答

Saya belajar di Universiti Malaya.
wǒ zài mǎ lái yà dà xué xué xí
我 在 马 来 亚 大 学 学 习 。

Saya belajar di Fakulti Bahasa.
wǒ zài yǔ yán xué yuàn xué xí
我 在 语 言 学 院 学 习 。

Jurusan saya ialah Bahasa dan Kesusasteraan Melayu.
wǒ de zhuān yè shì mǎ lái yǔ yán wén xué
我 的 专 业 是 马 来 语 言 文 学 。

Dia pelajar tahun dua.

tā shì èr nián jí de xué shēng
他 是 二 年 级 的 学 生 。

Mereka pelajar jurusan perubatan/pertanian/seni/undang-undang/ekonomi

dan pengurusan.

tā men shì yī kē nóng kē yì shù fǎ lǜ jīng jì yǔ guǎn lǐ zhuān yè de
他 们 是 医 科 / 农 科 / 艺 术 / 法 律 / 经 济 与 管 理 专 业 的
xué shēng
学 生 。

Jurusan saya ialah Bahasa Melayu.

wǒ de zhuān yè shì mǎ lái yǔ
我 的 专 业 是 马 来 语 。

Tempoh pengajian selama 4 tahun.

xué zhì shì nián
学 制 是 4 年 。

Semester baharu akan bermula dalam 15 hari lagi.

hái yǒu tiān jiù kāi xué le
还 有 15 天 就 开 学 了 。

Abang saya telah tamat pengajian di universiti tahun lepas.

wǒ gē ge qù nián dà xué bì yè
我 哥 哥 去 年 大 学 毕 业 。

Kawan saya berjaya ditawarkan program pengajian sarjana.

wǒ de péng you kǎo shàng le shuò shì yán jiū shēng
我 的 朋 友 考 上 了 硕 士 研 究 生 。

Peperiksaan akhir dijadualkan pada akhir bulan Jun.

qī mò kǎo shì shí jiān dìng zài yuè dǐ
期 末 考 试 时 间 定 在 6 月 底 。

Saya gagal dalam satu subjek.

wǒ yǒu yī mén kè bù jí gé
我 有 一 门 课 不 及 格 。

Dia mengambil peperiksaan ulangan bagi subjek matematik.

tā de shù xué yào bǔ kǎo
他 的 数 学 要 补 考 。

Dia akan tamat pengajian pada bulan Julai tahun ini dan sekarang sedang menyiapkan tesis.

tā jīn nián yuè fèn jiù yào bì yè le xiàn zài zhèng zài xiě bì yè lùn wén
他 今 年 7 月 份 就 要 毕 业 了， 现 在 正 在 写 毕 业 论 文 。

Dia memiliki diploma dari Universiti Malaya.

tā chí yǒu mǎ lái yà dà xué de bì yè zhèng shū
他 持 有 马 来 亚 大 学 的 毕 业 证 书 。

Melancong

lǚ yóu
旅 游

Pelancong

游 客

Mohon bertanya, apakah pakej pelancongan yang syarikat tuan/puan tawarkan pada masa ini?

qǐng wèn nǐ men gōng sī mù qián yǒu shén me lǚ yóu xiàng mù
请 问 你 们 公 司 目 前 有 什 么 旅 游 项 目？

Ada atau tidak pakej ke Putrajaya?

yǒu méi yǒu qù bù chéng de xiàng mù
有 没 有 去 布 城 的 项 目？

Berapakah kos untuk setiap orang?

měi rén de fèi yong shì duō shao
每 人 的 费 用 是 多 少？

Saya mahu melancong ke Singapura/Malaysia/Thailand.

wǒ xiǎng qù xīn jiā pō mǎ lái xī yà tài guó lǚ yóu
我 想 去 新 加 坡 / 马 来 西 亚 / 泰 国 旅 游。

Apakah tempat yang menarik di Melaka?

mǎ liù jiǎ yǒu shén me míng shèng gǔ jì
马 六 甲 有 什 么 名 胜 古 迹？

Apakah perayaan yang istimewa di Malaysia?

mǎ lái xī yà yǒu shén me tè sè jié rì ma
马 来 西 亚 有 什 么 特 色 节 日 吗？

Ada atau tidak pemandu pelancong dan jurubahasa?

yǒu dǎo yóu hé fān yì ma
有 导 游 和 翻 译 吗？

Adakah tuan/puan menawarkan perkhidmatan tempah tiket penerbangan?

nǐ men tí gōng yù dìng jī piào de fú wù ma
你 们 提 供 预 订 机 票 的 服 务 吗？

Bolehkah kami sewa sebuah bas?

wǒ men xiǎng zū yī bù kè chē kě yǐ ma
我 们 想 租 一 部 客 车，可 以 吗？

Kakitangan

职 员

Syarikat kami menawarkan pakej lawatan selama 5 hari ke Kuala Lumpur,

Pulau Pinang dan Melaka.

wǒ men gōng sī yǒu jí lóng pō bīn chéng mǎ liù jiǎ wǔ rì yóu
我 们 公 司 有 吉 隆 坡、槟 城 、马 六 甲 五 日 游。

Kami ada pakej pelancongan ke China selama 10 hari.

wǒ men yǒu zhōng guó shí rì yóu
我 们 有 中 国 十 日 游。

Muzium Negara di Kuala Lumpur berbaloi dikunjungi.

jí lóng pō de guó jiā bó wù guǎn shì zhí dé yī yóu de
吉 隆 坡 的 国 家 博 物 馆 是 值 得 一 游 的。

Dalam masa terdekat ini, kami akan menyambut Hari Wesak/Hari

Thaipusam.

hěn kuài jiù dào wèi sài jié dà bǎo sēn jié le
很 快 就 到 卫 塞 节／大 宝 森 节 了。

Kami terpaksa membatalkan beberapa program lawatan kerana hujan

lebat.

yīn wèi xià dà yǔ wǒ men bù dé bù qǔ xiāo mǒu xiē cān guān xiàng mù
因 为 下 大 雨，我 们 不 得 不 取 消 某 些 参 观 项 目。

Jadual lawatan bermula dengan mengunjungi bandar pada sebelah pagi

dan muzium pada sebelah petang dengan bas persiaran.

rì chéng shì zhè yàng de shàng wǔ chéng guān guāng bā shì yóu lǎn chéng
日 程 是 这 样 的：上 午 乘 观 光 巴 士 游 览 城

shì xià wǔ cān guān bó wù guǎn
市，下 午 参 观 博 物 馆。

Pada waktu malam, kita akan makan malam di Hotel ×× sambil

menonton persembahan muzik rakyat.

wǎn shang zài　　　jiǔ diàn chī fàn　kàn mín yuè biǎo yǎn
晚　上　在 × × 酒 店 吃 饭 , 看 民 乐 表 演 。

Naik bas di depan hotel pada pukul 7 pagi esok.

míng tiān zǎo shang　diǎn zhōng zài bīn guǎn mén qián shàng chē
明　天　早　上　7 点　钟　在 宾 馆 门 前 上　车 。

Melancong di China

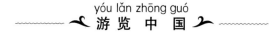
yóu lǎn zhōng guó
游 览 中 国

Katanya terdapat banyak tempat menarik di China. Saya teringin sangat
hendak melancong ke China.

tīng shuō zhōng guó yǒu xǔ duō míng shèng gǔ jì　　wǒ hěn xiǎng qù zhōng guó
听 说 中 国 有 许 多 名 胜 古 迹 , 我 很 想 去 中 国
lǚ yóu
旅 游 。

Tempat yang paling ingin saya lawat ialah Beijing.

wǒ zuì xiǎng qù lǚ yóu de dì fang shì běi jīng
我 最 想 去 旅 游 的 地 方 是 北 京 。

Beijing ialah ibu negara Republik Rakyat China serta pusat politik dan
budaya China. Banyak destinasi pelancongan di Beijing menyajikan
pemandangan yang berbaloi dikunjungi.

běi jīng shì zhōng huá rén mín gòng hé guó de shǒu dū　　shì zhōng guó de zhèng
北 京 是 中 华 人 民 共 和 国 的 首 都 , 是 中 国 的 政
zhì　　wén huà zhōng xīn　　nà lǐ yǒu xǔ duō zhí dé kàn de jǐng diǎn
治 、 文 化 中 心 , 那 里 有 许 多 值 得 看 的 景 点 。

Kota Larangan di Beijing ialah salah sebuah istana yang terbesar di dunia,
dengan keluasan 720,000 meter persegi. Ia dibina sejak tahun 1406 dan
mempunyai sejarah lebih 600 tahun.

běi jīng de gù gōng shì shì jiè shang guī mó zuì dà de gōng diàn zhī yī　　zǒng
北 京 的 故 宫 是 世 界 上 规 模 最 大 的 宫 殿 之 一 , 总
miàn jī　　wàn píng fāng mǐ　　shǐ jiàn yú　　nián　　zhì jīn yǐ yǒu　　duō
面 积 72 万 平 方 米 , 始 建 于 1406 年 , 至 今 已 有 600 多

nián de lì shǐ
年 的 历 史 。

Istana Musim Panas ialah Taman Empayar Dinasti Qing, dan Makam Ming ialah makam perkuburan untuk 13 orang maharaja Dinasti Ming.

yí hé yuán shì qīng cháo shí qī de huáng jiā yuán lín shí sān líng shì míng
颐 和 园 是 清 朝 时 期 的 皇 家 园 林，十 三 陵 是 明
cháo shí sān wèi huáng dì de líng mù
朝 十 三 位 皇 帝 的 陵 墓 。

Tembok Besar dibina sejak abad ke-7 SM dan mempunyai sejarah lebih 2,600 tahun.

cháng chéng shǐ jiàn yú gōng yuán qián shì jì zhì jīn yǐ yǒu   duō nián
长 城 始 建 于 公 元 前 7 世 纪，至 今 已 有 2600 多 年
de lì shǐ
的 历 史 。

Selain Beijing dan Xi'an, Hangzhou dan Guilin juga merupakan destinasi yang berbaloi dikunjungi.

chú le běi jīng yǔ xī ān háng zhōu hé guì lín yě shì zhí dé yī yóu de dì fang
除 了 北 京 与 西 安， 杭 州 和 桂 林 也 是 值 得 一 游 的 地 方 。

Xi'an merupakan salah sebuah ibu kota purba China, dan terdapat Tentera Terakota Maharaja Qin Pertama yang terkenal di dunia.

xī ān shì zhōng guó de gǔ dū zhī yī nà lǐ yǒu jǔ shì wén míng de qín shǐ
西 安 是 中 国 的 古 都 之 一，那 里 有 举 世 闻 名 的 秦 始
huáng bīng mǎ yǒng
皇 兵 马 俑 。

Hangzhou mempunyai pemandangan yang indah dan dikenali sebagai "syurga di bumi".

háng zhōu fēng jǐng xiù lì bèi yù wéi rén jiān tiān táng
杭 州 风 景 秀 丽，被 誉 为 " 人 间 天 堂 " 。

Guilin ialah salah sebuah bandar pelancongan yang terkenal di China.

guì lín shì zhōng guó zuì zhù míng de lǚ yóu chéng shì zhī yī
桂 林 是 中 国 最 著 名 的 旅 游 城 市 之 一 。

Pemandangan gunung-ganang dan sungai di Guilin sangat cantik, sehingga dipuji sebagai "gunung dan sungai di Guilin adalah yang terindah di dunia".

桂林的山和水特别美，因此人们说"桂林山水甲天下"。

Stalaktit di Gua Seruling Buluh dan Gua Batu Bintang Tujuh berada dalam pelbagai bentuk dan amat cantik.

芦笛岩、七星岩的钟乳石千姿百态，美不胜收。

Belayar di Sungai Li seperti berada di kayangan.

乘船游览漓江犹如身临仙境一般。

Sukan

tǐ yù yùn dòng
体育运动

Bersenam

duàn liàn shēn tǐ
锻炼身体

Saya suka bersenam.

wǒ xǐ huan duàn liàn shēn tǐ
我喜欢 锻炼身体。

Setiap pagi, saya berjoging/bersenam/bertaici.

měi tiān zǎo shang　　　wǒ dōu qù pǎo bù　zuò tǐ cāo　dǎ tài jí quán
每天早上，我都去跑步/做体操/打太极拳。

Pada pukul 5 petang, saya sering pergi bermain bola.

xià wǔ　diǎn　　wǒ cháng qù dǎ qiú
下午5点，我常去打球。

Saya suka bermain bola keranjang/bola tampar/bola sepak/pingpong.

wǒ xǐ huan lán qiú　pái qiú　zú qiú　pīng pāng qiú
我喜欢 篮球/排球/足球/乒乓球。

Dia suka terlibat dengan acara lari jarak jauh/lari pecut/maraton.

tā xǐ huan cháng pǎo　duǎn pǎo　mǎ lā sōng
他喜欢 长跑/短跑/马拉松。

Abang saya suka lompat tinggi, manakala kakak saya suka lompat jauh.

wǒ gē ge xǐ huan tiào gāo　wǒ jiě jie xǐ huan tiào yuǎn
我哥哥喜欢跳高，我姐姐喜欢跳远。

Bertanding

jìng sài
竞 赛

Sukan Olimpik diadakan setiap 4 tahun.

ào yùn huì měi nián jǔ xíng yī cì
奥运会每 4 年举行一次。

Sukan Asia Tenggara pernah diadakan di Kuala Lumpur.

dōng nán yà yùn dòng huì céng zài jí lóng pō jǔ xíng
东南亚运动会曾在吉隆坡举行。

Mereka telah menyertai Kejohanan Pingpong Dunia 2019.

tā men cān jiā le nián shì jiè pīng pāng qiú jǐn biāo sài
他们参加了 2019 年世界乒乓球锦标赛。

Beliau pernah mewakili negara kami dalam pertandingan persahabatan
bola keranjang antarabangsa.

tā céng dài biǎo wǒ guó cān jiā guó jì lán qiú yǒu yì sài
她曾代表我国参加国际篮球友谊赛。

Selepas pusingan awal, pusingan suku akhir, pusingan separuh akhir dan
pusingan akhir akan diadakan secara bergilir-gilir.

yù sài jié shù hòu sì fēn zhī yī jué sài bàn jué sài hé jué sài jiāng xiāng jì
预赛结束后，四分之一决赛、半决赛和决赛将相继
jǔ xíng
举行。

Pasukan Korea Selatan menduduki tempat ke-8.

hán guó duì huò dé dì míng
韩国队获得第 8 名。

Kedua-dua pasukan sedang bersaing untuk masuk ke pusingan akhir.

liǎng duì zhèng zài zhēng duó jué sài quán
两队正在争夺决赛权。

Pusingan akhir diadakan antara pasukan Korea Selatan dan pasukan
Perancis.

jué sài zài hán guó duì hé fǎ guó duì zhī jiān jìn xíng
决赛在韩国队和法国队之间进行。

Pasukan Jerman memenangi johon kumpulan lelaki/kumpulan wanita/

dalam kategori dewasa/dalam kategori remaja.

dé guó duì huò dé le nán zǐ tuán tǐ   nǚ zǐ tuán tǐ   chéng nián zǔ shào nián
德 国 队 获 得 了 男 子 团 体／女 子 团 体／成 年 组／少 年
zǔ guàn jūn
组 冠 军。

Pasukan Amerika Syarikat mendahului/jauh mendahului.

měi guó duì lǐng xiān   yáo yáo lǐng xiān
美 国 队 领 先／遥 遥 领 先。

Pasukan Great Britain mendahului dengan 2-1.

yīng guó duì yǐ   lǐng xiān
英 国 队 以 2：1 领 先。

Pasukan Great Britain menang dengan 40-36.

yīng guó duì yǐ   huò shèng
英 国 队 以 40：36 获 胜。

Pasukan Rusia dan pasukan Perancis mara ke separuh akhir.

é luó sī duì hé fǎ guó duì chuǎng jìn le bàn jué sài
俄 罗 斯 队 和 法 国 队 闯 进 了 半 决 赛。

Pasukan Brazil sudah masuk ke pusingan akhir.

bā xī duì huò dé le jué sài quán
巴 西 队 获 得 了 决 赛 权。

Pasukan Korea Selatan tertinggal dengan 1-2.

hán guó duì yǐ   luò hòu
韩 国 队 以 1：2 落 后。

Pasukan Sepanyol kalah dengan 70-80.

xī bān yá duì yǐ   bài běi
西 班 牙 队 以 70：80 败 北。

Pasukan ini tersingkir pada pusingan kedua.

zhè ge duì zài dì èr lún bǐ sài zhōng bèi táo tài
这 个 队 在 第 二 轮 比 赛 中 被 淘 汰。

Pasukan ×× tersingkir di pusingan suku akhir.

duì zài sì fēn zhī yī jué sài zhōng bèi táo tài
×× 队 在 四 分 之 一 决 赛 中 被 淘 汰。

Kakak saya ialah juara terjun Olimpik.

wǒ jiě jie shì ào yùn huì tiào shuǐ guàn jūn
我 姐 姐 是 奥 运 会 跳 水 冠 军。

Adik lelakinya ialah johan dalam Kejohanan Pingpong Dunia.

tā dì di shì shì jiè pīng pāng qiú jǐn biāo sài guàn jūn
他 弟 弟 是 世 界 乒 乓 球 锦 标 赛 冠 军。

Dia memenangi pingat emas/pingat perak/pingat gangsa dalam
pertandingan renang wanita.

tā huò dé le nǚ zǐ yóu yǒng sài de jīn pái yín pái tóng pái
她 获 得 了 女 子 游 泳 赛 的 金 牌 / 银 牌 / 铜 牌。

Fatimah memecahkan rekod dunia.

fǎ dì mǎ dǎ pò le shì jiè jì lù
法 蒂 玛 打 破 了 世 界 纪 录。

Ali menyamai rekod kebangsaan.

ā lǐ píng le quán guó jì lù
阿 里 平 了 全 国 纪 录。

Dia melompat sejauh 7 meter dalam acara lompat jauh.

tā tiào yuǎn tiào guò le mǐ
他 跳 远 跳 过 了 7 米。

Dia mendapat tempat ketiga dalam acara lari 100 meter.

tā zài bǎi mǐ pǎo bǐ sài zhōng huò dé dì sān míng
她 在 百 米 跑 比 赛 中 获 得 第 三 名。

Dia memenangi tempat pertama dalam acara lompat tiga kali.

tā huò dé sān jí tiào yuǎn de dì yī míng
他 获 得 三 级 跳 远 的 第 一 名。

Mereka mendapat naib johan dalam pertandingan beregu lelaki.

tā men huò dé nán zǐ shuāng dǎ bǐ sài de yà jūn
他 们 获 得 男 子 双 打 比 赛 的 亚 军。

Beliau ialah juara dunia.

tā shì shì jiè guàn jūn
他 是 世 界 冠 军。

Beliau memenangi pingat emas/pingat perak/pingat gangsa dalam acara
terjun platform tinggi wanita.

tā huò dé le nǚ zǐ gāo tái tiào shuǐ jīn pái / yín pái / tóng pái
她 获 得 了 女 子 高 台 跳 水 金 牌 / 银 牌 / 铜 牌。

Beliau menyamai rekod provinsi.

tā de chéng jì píng le quán shěng jì lù
他 的 成 绩 平 了 全 省 纪录。

Beliau mencipta rekod dunia.

tā chuàng zào le shì jiè jì lù
他 创 造 了 世 界 纪录。

Beliau memecahkan rekod dunia 100 meter kuak dada wanita dengan 1 minit 5 saat.

tā yǐ fēn miǎo de chéng jì dǎ pò le nǚ zǐ mǐ wā yǒng de shì jiè jì lù
她 以 1分 5 秒 的 成 绩 打 破 了 女 子 100 米 蛙 泳 的 世 界 纪录。

Rekod beliau telah disahkan.

tā de jì lù yǐ jīng dé dào le chéng rèn
他 的 纪录 已 经 得 到 了 承 认。

Mereka memegang rekod dunia dalam acara 4 × 100 meter lari berganti-ganti.

tā men bǎo chí zhe mǐ jiē lì pǎo de shì jiè jì lù
她 们 保 持 着 4×100 米 接 力 跑 的 世 界 纪录。

Beliau ialah pemegang rekod kebangsaan dalam acara 200 meter gaya kupu-kupu lelaki.

tā shì nán zǐ mǐ dié yǒng quán guó jì lù bǎo chí zhě
他 是 男 子 200 米 蝶 泳 全 国 纪录 保 持 者。

Pertandingan bola sepak

zú qiú sài
足 球 赛

Kedua-dua pasukan sekarang masuk ke dalam padang.

liǎng duì xiàn zài jìn chǎng
两 队 现 在 进 场。

Pasukan Perancis yang memakai jersi biru dan seluar pendek putih menyerang dari kanan.

fǎ guó duì chuān lán sè shàng yī　bái sè duǎn kù　yòu gōng zuǒ
法 国 队 穿 蓝 色 上 衣、白 色 短 裤，右 攻 左 。

Pengadil ialah orang Jerman, manakala dua orang penjaga garisan ialah orang Belanda dan orang Finland.

zhǔ cái pàn shì dé guó rén　liǎng gè xún biān yuán fēn bié shì hé lán rén hé fēn lán
主 裁 判 是 德 国 人， 两 个 巡 边 员 分 别 是 荷 兰 人 和 芬 兰
rén
人 。

Penyerang mendapat bola dan menyerang ke pihak lawan (kawasan depan).

qián fēng dé qiú　xiàng duì fāng　qián chǎng　jìn gōng
前 锋 得 球， 向 对 方 （ 前 场 ）进 攻 。

Dia menghantar bola kepada ×× .

tā bǎ qiú chuán gěi
他 把 球 传 给 ×× 。

Bek kiri pasukan A mencegat bola.

duì zuǒ hòu wèi lán jié
A 队 左 后 卫 拦 截 。

Ali menggelecek bola dan mara ke padang pasukan B, dan pasukan B cuba sedaya upaya untuk merebut bolanya.

ā lǐ dài qiú chōng xiàng　duì　duì jí lì qiǎng tā de qiú
阿 里 带 球 冲 向 B 队，B 队 极 力 抢 他 的 球 。

Dia menyentuh bola dengan tangan di kawasan penalti.

tā zài jìn qū nèi shǒu qiú fàn guī
他 在 禁 区 内 手 球 犯 规 。

Pengadil sudah dua kali memutuskan pasukan A bersalah.

cái pàn liǎng cì pàn　duì fàn guī
裁 判 两 次 判 A 队 犯 规 。

Penjaga gol menangkap bola dan menendangnya ke hadapan dengan kuat.

shǒu mén yuán jiē zhù qiú dà jiǎo kāi xiàng qián chǎng
守 门 员 接 住 球，大 脚 开 向 前 场 。

Bek sepak bola keluar dengan kuat.
hòu wèi dà jiǎo jiě wéi
后 卫 大 脚 解 围 。

Ali gagal menggelecek bola.
ā lǐ dài qiú méi yǒu dài guò qù
阿 里 带 球 没 有 带 过 去 。

Separuh masa pertama tamat, dan kedua-dua pihak bertukar tempat.
shàng bàn chǎng yǐ jié shù shuāng fāng jiāo huàn chǎng dì
上 半 场 已 结 束 ， 双 方 交 换 场 地 。

Pemain No. 8 digantikan oleh pemain No. 10.
hào qiú yuán tì xià hào qiú yuán
10 号 球 员 替 下 8 号 球 员 。

Kedua-dua pasukan akan bertanding lebih masa.
liǎng duì jiāng jìn xíng jiā shí sài
两 队 将 进 行 加 时 赛 。

Dia menjaringkan/gagal menjaringkan gol.
tā gōng rù shè shī yī qiú
他 攻 入 / 射 失 一 球 。

Usman menendang bola ke dalam jaring.
wū sī màn yī jiǎo bǎ qiú sòng rù wǎng wō
乌 斯 曼 一 脚 把 球 送 入 网 窝 。

Bola terkena tiang kiri.
qiú dǎ zài zuǒ mén zhù shang
球 打 在 左 门 柱 上 。

Kini skor 3-0, pasukan A mendahului.
xiàn zài bǐ fēn shì duì lǐng xiān
现 在 比 分 是 3 ： 0 ， A 队 领 先 。

Wisel penamat pengadil dibunyikan, dan pasukan A mengalahkan pasukan B dengan 4-1.
cái pàn de zhōng chǎng shào shēng xiǎng le duì yǐ zhàn shèng duì
裁 判 的 终 场 哨 声 响 了 ， A 队 以 4 ： 1 战 胜 B 队 。

Kedua-dua pasukan terikat dengan 3-3, dan akan mula tendangan penalti dengan segera.

shuāng fāng dǎ chéng le píng jú mǎ shàng jiù shì diǎn qiú jué zhàn
双 方 3∶3 打 成 了 平 局， 马 上 就 是 点 球 决 战 。

Keputusan pertandingan ialah pasukan Korea Selatan menang dengan 2-1.

bǐ sài jié guǒ shì hán guó duì yǐ qǔ shèng
比 赛 结 果 是 韩 国 队 以 2∶1 取 胜 。

Kosa kata

tinju 拳击	lumba jalan 竞走
gimnastik 体操	lompat galah 撑杆跳高
lumba berganti-ganti 接力赛跑	besbol 棒球
bola sepak ragbi 橄榄球	hoki ais 冰球
servis 发球	faul 犯规
seri 平局	ketua rombongan 领队
jurulatih 教练员	ofsaid 越位
tendangan percuma 任意球	

Hiburan

yú lè
娱 乐

Filem apakah yang ditayangkan di pawagam malam ini?
jīn wǎn diàn yǐng yuàn fàng yìng shén me diàn yǐng
今 晚 电 影 院 放 映 什 么 电 影 ？

Pukul berapakah sesi kedua bermula?
dì èr chǎng jǐ diǎn kāi shǐ
第 二 场 几 点 开 始 ？

Di manakah saya boleh membeli tiket filem?
zài nǎr kě yǐ mǎi dào diàn yǐng piào
在 哪 儿 可 以 买 到 电 影 票 ？

Apakah program TV yang menarik malam ini?
jīn wǎn yǒu shén me hǎo kàn de diàn shì jié mù
今 晚 有 什 么 好 看 的 电 视 节 目 ？

Adakah drama TV menarik malam ini?
jīn wǎn de diàn shì jù jīng cǎi ma
今 晚 的 电 视 剧 精 彩 吗 ？

Siaran program TV dari saluran yang manakah paling baik?
nǎ ge pín dào de jié mù zuì jīng cǎi
哪 个 频 道 的 节 目 最 精 彩 ？

Siapakah heroin/hero filem ini?
zhè bù diàn yǐng de nǚ zhǔ jué nán zhǔ jué shì shéi
这 部 电 影 的 女 主 角 / 男 主 角 是 谁 ？

Siapakah pelakon-pelakon dalam drama TV ini?
zhè bù diàn shì jù yǒu nǎ xiē yǎn yuán
这 部 电 视 剧 有 哪 些 演 员 ？

Filem apakah yang kamu suka tonton?

nǐ xǐ huan kàn shén me piān zi
你 喜 欢 看 什 么 片 子？

Drama apakah yang dia suka tonton?

tā xǐ huan kàn shén me jù
他 喜 欢 看 什 么 剧？

Di bandar ini, di manakah orang muda suka berhibur pada waktu malam?

zài zhè zuò chéng shì　wǎn shang qīng nián men dōu xǐ huan qù nǎr　wán
在 这 座 城 市， 晚 上 青 年 们 都 喜 欢 去 哪 儿 玩？

Tarian apakah yang mereka suka menari?

tā men xǐ huan tiào shén me wǔ
他 们 喜 欢 跳 什 么 舞？

Apakah jenis muzik yang dia suka dengar?

tā xǐ huan tīng shén me yīn yuè
他 喜 欢 听 什 么 音 乐？

Apakah alat muzik tradisional yang ada di Malaysia?

mǎ lái xī yà yǒu shén me chuán tǒng yuè qì
马 来 西 亚 有 什 么 传 统 乐 器？

Apakah alat muzik yang kakak awak pandai mainkan?

nǐ jiě jie huì wán shén me yuè qì
你 姐 姐 会 玩 什 么 乐 器？

Menjawab

 回 答

Malam ini panggung wayang menyiarkan filem "××".

jīn wǎn diàn yǐng yuàn fàng yìng diàn yǐng
今 晚 电 影 院 放 映 电 影 《××》。

Sesi kedua bermula pada pukul 7.30 malam.

dì èr chǎng wǎn shang　diǎn　fēn kāi shǐ
第 二 场 晚 上 7 点 30 分 开 始 。

Tiket dijual di kaunter tiket di luar pintu.

mén wài de shòu piào chù yǒu piào mài
门 外 的 售 票 处 有 票 卖 。

Tiada apa-apa program TV yang menarik malam ini.

jīn wǎn de diàn shì jié mù méi yǒu shén me hǎo kàn de
今 晚 的 电 视 节 目 没 有 什 么 好 看 的。

Drama TV malam ini sangat menarik.

jīn wǎn de diàn shì jù hěn jīng cǎi
今 晚 的 电 视 剧 很 精 彩。

Program saluran 1 paling menarik.

pín dào de jié mù zuì hǎo kàn
1 频 道 的 节 目 最 好 看。

Heroin filem ini ialah ××.

zhè bù diàn yǐng de nǚ zhǔ jué shì
这 部 电 影 的 女 主 角 是 ××。

Pelakon-pelakon drama TV ini ialah Ali, Fatimah dan Noraini.

zhè bù diàn shì jù de yǎn yuán yǒu ā lǐ   fǎ dì mǎ hé nuò lái ní
这 部 电 视 剧 的 演 员 有 阿 里、法 蒂 玛 和 诺 莱 妮。

Saya suka menonton filem tentang seni pertahanan diri/filem komedi/filem

dokumentari.

wǒ xǐ huan kàn wǔ dǎ piàn   xǐ jù piàn   jì lù piàn
我 喜 欢 看 武 打 片 / 喜 剧 片 / 纪 录 片。

Dia suka menonton teater/pantomin.

tā xǐ huan kàn huà jù   yǎ jù
他 喜 欢 看 话 剧 / 哑 剧。

Di bandar ini, golongan muda gemar menari di kelab malam pada waktu

malam.

zài zhè zuò chéng shì   wǎn shang qīng nián men xǐ huan qù wǔ tīng wán
在 这 座 城 市，晚 上 青 年 们 喜 欢 去 舞 厅 玩。

Mereka kadangkala menari tarian dansa, kadangkala bermain silat.

tā men yǒu shí tiào jiāo yì wǔ   yǒu shí dǎ mǎ lái wǔ shù
他 们 有 时 跳 交 谊 舞，有 时 打 马 来 武 术。

Dia suka mendengar simfoni.

tā xǐ huan tīng jiāo xiǎng yuè
他 喜 欢 听 交 响 乐。

Terdapat banyak alat muzik tradisional di Malaysia, contohnya kompang, gong, rebab dan sebagainya.

mǎ lái xī yà yǒu hěn duō chuán tǒng yuè qì　　bǐ rú mǎ lái shǒu gǔ　tóng luó
马 来 西 亚 有 很 多 传 统 乐 器，比 如 马 来 手 鼓、铜 锣、
liè bā bù qín děng
列 巴 布 琴 等 。

Kakak saya boleh bermain piano/biola/seruling.

wǒ jiě jie huì tán gāng qín　lā xiǎo tí qín　chuī dí zi
我 姐 姐 会 弹 钢 琴 / 拉 小 提 琴 / 吹 笛 子 。

Kosa kata

Opera Peking 京剧	Opera Kantonis 粤剧
teater muzikal 音乐剧	balet 芭蕾舞
kumpulan lagu dan tarian 歌舞团	penyanyi terkenal 歌星
penari terkenal 舞星	bintang filem 电影明星
tenor 男高音	bariton 男中音
bes 男低音	soprano 女高音
mezzo-soprano 女中音	alto 女低音
klarinet 黑管	mandolin 曼陀铃

Pembaikan

wéi xiū
维 修

Pelanggan

 顾 客

Penyaman udara di pejabat saya sudah rosak. Tolong baikinya.

wǒ bàn gōng shì de kōng tiáo huài le　qǐng bāng máng wéi xiū
我 办 公 室 的 空 调 坏 了， 请 帮 忙 维 修。

Alat ini hanya boleh berfungsi untuk pemanasan, tidak dapat berfungsi untuk penyejukan.

zhǐ néng zhì nuǎn　bù néng zhì lěng
只 能 制 暖 ， 不 能 制 冷。

Fungsi pemanasan mengalami gangguan teknikal.

zhì nuǎn gōng néng chū gù zhàng le
制 暖 功 能 出 故 障 了。

Pili ini tidak dapat ditutup rapat/bocor.

zhè shuǐ lóng tóu guān bù jǐn　lòu shuǐ
这 水 龙 头 关 不 紧/漏 水 。

Saluran sinki tersumbat dan air tidak mengalir.

xǐ shǒu chí pái shuǐ guǎn dǔ le　shuǐ liú bù xià lái
洗 手 池 排 水 管 堵 了， 水 流 不 下 来。

Paip longkang pecah dan kumbahan mengalir ke mana-mana.

pái shuǐ guǎn bào le　wū shuǐ dào chù liú
排 水 管 爆 了， 污 水 到 处 流。

Tab mandi tidak menyalirkan air dan tidak dapat digunakan.

yù gāng pái bù chū shuǐ　yòng bù liǎo le
浴 缸 排 不 出 水， 用 不 了 了。

Lif tidak dapat digunakan kerana bekalan elektrik terputus.

yīn wèi tíng diàn diàn tī bù néng yòng le
因 为 停 电 ，电 梯 不 能 用 了 。

Kunci pintu ini rosak.
zhè ge mén suǒ huài le
这 个 门 锁 坏 了 。

Tingkap tidak dapat dibuka.
chuāng hu dǎ bù kāi
窗 户 打 不 开 。

Lampu terpadam kerana sistem bekalan elektrik bermasalah.
diàn dēng miè le   yīn wèi gōng diàn xì tǒng chū le wèn tí
电 灯 灭 了 ，因 为 供 电 系 统 出 了 问 题 。

Mentol lampu tepi katil rosak, bolehkah tolong gantikan dengan yang baharu untuk saya?
chuáng tóu dēng de dēng pào huài le   qǐng nǐ bāng wǒ huàn shàng xīn de dēng
床 头 灯 的 灯 泡 坏 了 ， 请 你 帮 我 换 上 新 的 灯
pào kě yǐ ma
泡 ，可 以 吗 ？

Telefon tiada isyarat.
diàn huà méi yǒu xìn hào
电 话 没 有 信 号 。

Televisyen saya rosak, bolehkah kamu membaikinya?
wǒ de diàn shì jī huài le   nǐ huì xiū lǐ ma
我 的 电 视 机 坏 了 ，你 会 修 理 吗 ？

Jam tangan saya tidak bergerak, bolehkah kamu membaikinya?
wǒ de shǒu biǎo tíng le   nǐ néng bāng xiū yī xià ma
我 的 手 表 停 了 ，你 能 帮 修 一 下 吗 ？

Berapa lamakah tempoh waranti untuk peti sejuk ini?
zhè tái bīng xiāng de bǎo xiū qī yǒu duō cháng
这 台 冰 箱 的 保 修 期 有 多 长 ？

Telefon bimbit saya masih dalam tempoh waranti.
wǒ de shǒu jī hái zài bǎo xiū qī nèi
我 的 手 机 还 在 保 修 期 内 。

Peti saya tidak dapat dikunci.
wǒ de xiāng zi suǒ bù shàng le
我 的 箱 子 锁 不 上 了 。

Bilakah ia boleh siap dibaiki?

shén me shí hou kě yǐ xiū hǎo

什 么 时 候 可 以 修 好 ？

Enjin kereta saya tidak dapat dihidupkan.

wǒ de qì chē qǐ dòng bù liǎo

我 的 汽 车 启 动 不 了 。

Brek kereta ini tidak berfungsi.

zhè tái chē de shā chē bù líng

这 台 车 的 刹 车 不 灵 。

Adakah kamu mempunyai alat ganti?

nǐ yǒu méi yǒu líng bù jiàn

你 有 没 有 零 部 件 ？

Tayar motosikal saya pancit.

wǒ de mó tuō chē bào tāi le

我 的 摩 托 车 爆 胎 了 。

Tayar pancit.

lún tāi lòu qì le

轮 胎 漏 气 了 。

Mekanik

修 理 工

Saya periksa dahulu.

wǒ xiān jiǎn chá yī xià

我 先 检 查 一 下 。

Saya akan baikinya dengan segera.

wǒ mǎ shàng xiū lǐ

我 马 上 修 理 。

Saya akan minta orang membaikinya dengan segera.

wǒ mǎ shàng ràng rén lái xiū lǐ

我 马 上 让 人 来 修 理 。

Saya telah memaklumkan kerosakan kepada mekanik semalam.

zuó tiān wǒ yǐ jīng tōng zhī le xiū lǐ gōng

昨 天 我 已 经 通 知 了 修 理 工 。

Saya minta mereka membaikinya dengan segera.

wǒ ràng tā men lì kè lái xiū lǐ
我 让 他 们 立 刻 来 修 理 。

Fius terbakar.

bǎo xiǎn sī shāo le
保 险 丝 烧 了 。

Saya akan menggantikan soket ini untuk kamu.

wǒ bāng nǐ huàn diào zhè ge chā zuò
我 帮 你 换 掉 这 个 插 座 。

Kereta tuan/puan patut dihantar ke bengkel untuk pembaikan.

nín de chē yào sòng chē háng xiū lǐ
您 的 车 要 送 车 行 修 理 。

Ia akan mengambil masa dua jam untuk dibaiki.

yào liǎng gè xiǎo shí cái néng xiū hǎo
要 两 个 小 时 才 能 修 好 。

Ia akan dibaiki dalam dua hari.

guò liǎng tiān jiù kě yǐ xiū hǎo
过 两 天 就 可 以 修 好 。

Saya tidak dapat membaikinya hari ini kerana tiada alat ganti yang sesuai.

wǒ jīn tiān xiū bù liǎo   yīn wèi méi yǒu hé shì de líng jiàn
我 今 天 修 不 了 ， 因 为 没 有 合 适 的 零 件 。

Baik, sudah siap dibaiki.

hǎo le   xiū hǎo le
好 了 ， 修 好 了 。

Tayar ini tidak dapat dibaiki, hanya boleh diganti dengan yang baharu.

zhè ge lún tāi bǔ bù liǎo   zhǐ néng huàn xīn de
这 个 轮 胎 补 不 了 ， 只 能 换 新 的 。

Kosa kata
补 充 词 汇

litar pintas 短路	mengesan kerosakan 排除故障
kerosakan sistem 死机	bateri tidak dapat dicas 充不上电
tukar kunci 换锁	
menduplikasikan anak kunci 配钥匙	

Produk digital

shù mǎ chǎn pǐn
数 码 产 品

Kamera

xiàng jī

相 机

Apakah perbezaan antara kamera digital dan kamera filem?
shù mǎ xiàng jī hé jiāo juǎn xiàng jī yǒu nǎ xiē bù tóng
数 码 相 机 和 胶 卷 相 机 有 哪 些 不 同 ？

Berapakah bilangan piksel kamera digital ini?
zhè tái shù mǎ xiàng jī de xiàng sù shì duō shao
这 台 数 码 相 机 的 像 素 是 多 少 ？

Adakah kamera 20 megapiksel dijual di sini?
zhè lǐ yǒu liǎng qiān wàn xiàng sù de xiàng jī mài ma
这 里 有 两 千 万 像 素 的 相 机 卖 吗?

Apakah kad memori yang serasi dengan kamera saya?
yǒu nǎ xiē nèi cún kǎ yǔ wǒ de xiàng jī jiān róng ne
有 哪 些 内 存 卡 与 我 的 相 机 兼 容 呢 ？

Berapa banyakkah gambar boleh disimpan dalam kad memori ini?
zhè ge nèi cún kǎ néng gòu chǔ cún duō shao zhāng zhào piàn
这 个 内 存 卡 能 够 储 存 多 少 张 照 片 ？

Di manakah saya boleh mendapatkan pembaca kad?
zài nǎ lǐ kě yǐ mǎi dào dú kǎ qì
在 哪 里 可 以 买 到 读 卡 器 ？

Bagaimanakah untuk menyalin foto dari kamera ke komputer?
zěn yàng jiāng xiàng jī li de zhào piàn kǎo bèi dào diàn nǎo shang
怎 样 将 相 机 里 的 照 片 拷 贝 到 电 脑 上 ？

Di manakah saya boleh membeli bateri ion litium yang sesuai untuk kamera saya?

nǎr kě yǐ mǎi dào shì hé wǒ de xiàng jī de lǐ diàn chí
哪 儿 可 以 买 到 适 合 我 的 相 机 的 锂 电 池？

Berbanding dengan kamera digital biasa, apakah kelebihan kamera pantulan kanta tunggal digital?

yǔ pǔ tōng shù mǎ xiàng jī xiāng bǐ dān fǎn shù mǎ xiàng jī yǒu nǎ xiē yōu
与 普 通 数 码 相 机 相 比， 单 反 数 码 相 机 有 哪 些 优
diǎn
点？

Di manakah saya boleh mencetak foto digital?

zài nǎr chōng yìn shù mǎ zhào piàn
在 哪 儿 冲 印 数 码 照 片？

Menjawab

Prinsip kerja asas kamera digital sama seperti kamera filem.

shù mǎ xiàng jī de jī běn gōng zuò yuán lǐ yǔ jiāo juǎn xiàng jī shì yī
数 码 相 机 的 基 本 工 作 原 理 与 胶 卷 相 机 是 一
yàng de
样 的。

Kamera tradisional menyimpan gambar pada filem, manakala kamera digital menyimpan gambar pada kad memori.

chuán tǒng xiàng jī jiāng zhào piàn bǎo liú zài jiāo juǎn shang ér shù mǎ xiàng
传 统 相 机 将 照 片 保 留 在 胶 卷 上， 而 数 码 相
jī zé shì bǎ zhào piàn bǎo cún zài nèi cún kǎ zhōng
机 则 是 把 照 片 保 存 在 内 存 卡 中。

Jika tidak puas hati dengan mana-mana foto, boleh memadamkannya.

rú guǒ duì nǎ zhāng zhào piàn bù mǎn yì kě yǐ shān chú
如 果 对 哪 张 照 片 不 满 意， 可 以 删 除。

Terdapat banyak cara untuk menyalin foto yang disimpan dalam kamera ke komputer.

bǎ xiàng jī chǔ cún de zhào piàn kǎo bèi dào diàn nǎo shang yǒu duō zhǒng
把 相 机 储 存 的 照 片 拷 贝 到 电 脑 上， 有 多 种
fāng fǎ
方 法。

Tuan/Puan juga boleh mencetak foto sendiri di rumah, tetapi perlu menggunakan kertas foto yang khusus.

nín yě kě yǐ zài jiā li zì jǐ chōng yìn zhào piàn　　dàn yào shǐ yòng zhuān yòng
您 也 可 以 在 家 里 自 己 冲 印 照 片 ， 但 要 使 用 专 用
xiàng zhǐ
相 纸 。

Kamera 20 megapiksel telah habis dijual.

liǎng qiān wàn xiàng sù de xiàng jī yǐ jīng mài wán le
两 千 万 像 素 的 相 机 已 经 卖 完 了 。

Kamera model ini sudah habis dijual.

zhè ge xíng hào de xiàng jī yǐ shòu qìng
这 个 型 号 的 相 机 已 售 罄 。

Saya mencadangkan supaya tuan/puan membeli kamera lapan megapiksel atau lebih.

wǒ jiàn yì nín mǎi bā bǎi wàn xiàng sù yǐ shàng de xiàng jī
我 建 议 您 买 八 百 万 像 素 以 上 的 相 机 。

Untuk merakam gambar aktiviti harian, kamera lapan megapiksel sudah cukup.

pāi shēng huó zhào　　bā bǎi wàn xiàng sù de xiàng jī jiù zú gòu le
拍 生 活 照 ， 八 百 万 像 素 的 相 机 就 足 够 了 。

Kamera pantulan kanta tunggal digital boleh mengambil gambar yang lebih berkualiti tinggi daripada kamera digital biasa.

dān fǎn shù mǎ xiàng jī pāi chū de zhào piàn de zhì liàng bǐ pǔ tōng shù mǎ xiàng
单 反 数 码 相 机 拍 出 的 照 片 的 质 量 比 普 通 数 码 相
jī de gèng shèng yī chóu
机 的 更 胜 一 筹 。

Kamkorder digital mini ialah produk elektronik mudah alih yang boleh merakam video dan bunyi.

xiǎo xíng shù mǎ shè xiàng jī shì yī zhǒng biàn xié shì diàn zǐ chǎn pǐn　　jì kě
小 型 数 码 摄 像 机 是 一 种 便 携 式 电 子 产 品 ， 既 可
yǐ shè xiàng　　yòu kě yǐ lù yīn
以 摄 像 ， 又 可 以 录 音 。

Telefon pintar

zhì néng shǒu jī
智 能 手 机

Saya ingin membeli sebuah telefon pintar. Bolehkah kamu beri saya cadangan?

wǒ xiǎng gòu mǎi yī bù zhì néng shǒu jī néng gěi wǒ yī xiē jiàn yì ma
我 想 购 买 一 部 智 能 手 机 ， 能 给 我 一 些 建 议 吗 ？

Telefon bimbit jenama × yang manakah terlaris tahun ini?

jīn nián pǐn pái nǎ ge xíng hào de shǒu jī bǐ jiào chàng xiāo
今 年 × 品 牌 哪 个 型 号 的 手 机 比 较 畅 销 ？

Adakah telefon bimbit jenama × ini model yang terbaharu? Ada warna lain atau tidak?

zhè kuǎn pǐn pái de shǒu jī shì zuì xīn kuǎn ma yǒu qí tā yán sè ma
这 款 × 品 牌 的 手 机 是 最 新 款 吗 ？ 有 其 他 颜 色 吗 ？

Apakah fungsi telefon pintar?

zhì néng shǒu jī yǒu nǎ xiē gōng néng
智 能 手 机 有 哪 些 功 能 ？

Sistem apakah yang telefon bimbit kamu jalankan?

nǐ de shǒu jī yùn xíng shén me xì tǒng
你 的 手 机 运 行 什 么 系 统 ？

Apakah yang perlu saya perhatikan semasa menggunakan Internet mudah alih?

shǒu jī shàng wǎng xū yào zhù yì shén me
手 机 上 网 需 要 注 意 什 么 ？

Adakah orang Malaysia suka bermain WeChat seperti orang China?

mǎ lái xī yà rén hé zhōng guó rén yī yàng xǐ huan wán wēi xìn ma
马 来 西 亚 人 和 中 国 人 一 样 喜 欢 玩 微 信 吗 ？

Mohon bertanya, bagaimanakah untuk mendaftarkan WeChat?

qǐng wèn zěn me kāi tōng wēi xìn
请 问 怎 么 开 通 微 信 ？

Menjawab

Saya mencadangkan supaya tuan/puan membeli telefon bimbit 5G.

wǒ jiàn yì nín mǎi　　shǒu jī
我 建 议 您 买 5G 手 机 。

Model ini sangat popular dalam kalangan wanita.

zhè ge xíng hào de shǒu jī hěn shòu nǔ shì huān yíng
这 个 型 号 的 手 机 很 受 女 士 欢 迎 。

Ini adalah model yang terbaharu. Ada warna putih, perak dan emas.

zhè shì zuì xīn kuǎn de　　yǒu bái sè　　yín sè hé jīn sè
这 是 最 新 款 的 ， 有 白 色 、 银 色 和 金 色 。

Telefon pintar seperti sebuah komputer mini.

zhì néng shǒu jī jiù xiàng shì yī tái xiǎo xíng de diàn nǎo
智 能 手 机 就 像 是 一 台 小 型 的 电 脑 。

Telefon pintar mempunyai banyak fungsi. Selain membuat panggilan dan menghantar mesej, ia juga boleh melayari Internet, mengambil gambar, merakam video, merakam bunyi, menonton filem dan berdagang saham.

zhì néng shǒu jī gōng néng hěn duō　　chú le kě yǐ yòng lái dǎ diàn huà　　fā
智 能 手 机 功 能 很 多 ， 除 了 可 以 用 来 打 电 话 、 发
duǎn xìn　　hái kě yǐ shàng wǎng　　zhào xiàng　　lù xiàng　　lù yīn　　kàn
短 信 ， 还 可 以 上 网 、 照 相 、 录 像 、 录 音 、 看
diàn yǐng　　chǎo gǔ piào děng
电 影 、 炒 股 票 等 。

Telefon bimbit saya menjalankan sistem Android/iOS.

wǒ de shǒu jī yùn xíng ān zhuó　　xì tǒng
我 的 手 机 运 行 安 卓 / iOS 系 统 。

Terdapat banyak cara untuk menjimatkan elektrik, misalnya mengetik butang kuasa untuk mematikan skrin.

shěng diàn yǒu duō zhǒng fāng fǎ　　rú qīng àn diàn yuán jiàn　　jiù kě yǐ guān
省 电 有 多 种 方 法 ， 如 轻 按 电 源 键 ， 就 可 以 关
bì píng mù
闭 屏 幕 。

Untuk mengakses Internet melalui telefon bimbit, kamu perlu mengaktifkan Wi-Fi atau suis data, menyambung ke rangkaian, dan kemudian boleh mencari dan mengakses laman web.

_{shǒu jī shàng wǎng yào dǎ kāi} _{huò shù jù kāi guān} _{lián jiē wǎng luò}
手 机 上 网 要 打开 Wi-Fi 或 数 据 开 关 ， 连 接 网 络 ，
_{jiù kě yǐ chá zhǎo hé fǎng wèn wǎng zhàn le}
就 可 以 查 找 和 访 问 网 站 了 。

Orang Malaysia sudah biasa dengan WhatsApp, dan kini semakin ramai

yang menggunakan WeChat.

_{mǎ lái xī yà rén xí guàn yòng} _{xiàn zài yuè lái yuè duō rén kāi shǐ}
马 来 西 亚 人 习 惯 用 WhatsApp, 现 在 越 来 越 多 人 开 始
_{yòng wēi xìn le}
用 微 信 了 。

Dengan WeChat, kita boleh menghantar mesej, bunyi, foto atau video

antara satu sama lain, di samping membentuk kumpulan untuk menyertai

sembang kumpulan.

_{yǒu le wēi xìn} _{kě yǐ xiāng hù fā sòng wén zì} _{yǔ yīn} _{zhào piàn huò shì}
有 了 微 信 ， 可 以 相 互 发 送 文 字 、 语 音 、 照 片 或 视
_{pín} _{hái kě yǐ chuàng jiàn liáo tiān qún jìn xíng qún liáo}
频 ， 还 可 以 创 建 聊 天 群 进 行 群 聊 。

Kosa kata

album gambar 相册	e-buku 电子书
bank kuasa 移动电源/充电宝	pen rakaman 录音笔
mikrofon 麦克风	kamera web 网络摄像头
komputer riba 笔记本电脑	komputer tablet 平板电脑
masa mod tidur 待机时间	masa panggilan 通话时间

马来西亚概况

国名：马来西亚（Malaysia）

面积：约33万平方公里

人口：3300万（2023）。其中马来人占70%，华人占22.7%，印度人占6.6%，其他种族占0.7%。

语言：马来语为官方语言，通用英语；其他族群在日常生活中均使用自己的母语，包括华语、泰米尔语等。

宗教：伊斯兰教是马来西亚的联邦官方宗教，其他宗教有佛教、印度教和基督教等。

首都：吉隆坡（Kuala Lumpur）

行政区划：全国分为13个州和3个联邦直辖区。13个州是西马的柔佛、吉打、吉兰丹、马六甲、森美兰、彭亨、槟城、霹雳、玻璃市、雪兰莪、登嘉楼以及东马的沙巴、沙捞越。另有首都吉隆坡、布特拉再也（布城）和纳闽3个联邦直辖区。2021年12月，马来西亚国会下议院通过《1963年马来西亚协议》（MA63）修宪案，恢复沙巴与沙捞越1963年加入马来西亚联邦时的"邦"的地位。

主要新闻媒体：马来西亚国家通讯社是马来西亚政府旗下的官方通讯社；此外，还有马来西亚广播电视、马来西亚电视台及私营电视台等。马来西亚有超过50种报刊，用多种语言文字出版，较著名的包括马来文报刊《马来西亚前锋报》（*Utusan Malaysia*），《每日新闻》（*Berita Harian*），《阳光日报》（*Sinar*

Harian）；英文报刊《星报》（*The Star*），《新海峡时报》（*New Strait Times*），《马来邮报》（*Malay Mail*）等；中文报刊《星洲日报》《中国报》《东方日报》《南洋商报》等；泰米尔文报刊《麦卡奥赛报》（*Makkal Osai*）等。

货币：林吉特（Ringgit Malaysia），是马来西亚的法定货币以及部分国家的流通货币，由马来西亚国家银行发行。ISO 4217国际标准代码是MYR，货币符号为RM，美元对林吉特的兑换率大约为1∶4.48（2023年3月）。

主要旅游地：吉隆坡、马六甲、槟城、布城、新山、怡保、古晋、亚庇、浮罗交怡、波德申、仙本那等。

重要节日：全国各地大小节日有上百个，政府规定的全国性节日有10个，即国庆（又称独立日，8月31日）、元旦、开斋节、春节、哈芝节、屠妖节、五一节、圣诞节、卫塞节、现任最高元首诞辰。除少数节日日期固定外，其余节日的具体日期由政府统一公布。

地　理

马来西亚位于东南亚中部，国土被南海分隔成东、西两部分。西马位于马来半岛南部，北与泰国接壤，南与新加坡隔柔佛海峡相望，东临南海，西濒马六甲海峡。东马位于加里曼丹岛北部，与印度尼西亚、菲律宾、文莱相邻。

马来西亚靠近赤道，气候潮湿炎热，雨季和旱季分明，大部分地区属热带雨林气候和热带季风气候。

历　史

公元初，马来半岛并没有形成一个统一的国家，而是出现了吉兰丹、都元、羯荼、狼牙修、柔佛等早期地方性古国。公元7世纪到13世纪之间，苏门答腊岛大部分地区、马来半岛大部分地区、爪哇岛西部、加里曼丹岛西部沿海的许多地区被以巨港为中心的室利佛逝王国所统治。室利佛逝衰落后，以爪哇为统治中心的满者伯夷对马来半岛、苏门答腊岛、爪哇岛、苏拉威西岛及加里曼丹岛沿海地区具有影响力。15世纪初，以马六甲为中心的满剌加王国统一了马来半岛的大部分。16世纪开始，其先后被葡萄牙、荷兰、英国占领，20世纪初完全沦为英国殖民地。沙捞越、沙巴历史上属文莱，1888年，两地沦为英国保护地。第二次世界大战期间，马来半岛、沙捞越、沙巴被日本占领，战后英国恢复对其殖民统治。1957年8月31日，马来亚联合邦宣布独立。1963年9月16日，马来亚联合邦同新加坡、沙捞越、沙巴合并组成马来西亚（1965年8月9日，新加坡退出）。

政　治

马来西亚实行君主立宪联邦制。因历史原因，沙捞越州和沙巴州拥有较大自治权。

以巫统为首的执政党联盟国民阵线（简称"国阵"）于1957年至2018年长期执政。2018年5月9日，马来西亚举行第十四届大选，马哈蒂尔领导的"希望联盟"赢得国会下议院超过半数的议席，结束了国阵61年的执政。2020年初，"希望联盟"政府出现执政危机，"喜来登政变"后，2月24日，马哈蒂尔辞去总理职务。3月1日，前副总理、土著团结党主席穆希丁宣誓就任第8任总理。2021年8月16日，穆希丁失去国会议员多数支持，辞去总理职务。8月21日，前副总理、巫统副主席伊斯迈尔·沙必里宣誓就任第9任总理。

2022年11月19日，马来西亚举行第十五届大选，大选首次出现无政党或政党联盟获过半议席的情况。人民公正党、民主行动党、国家诚信党组成的"希望联盟"与国民阵线、东马各政党组成联合政府上台执政。11月24日，"希望联盟"主席、前副总理安瓦尔以拥有最多议席的政党领袖身份宣誓就任第10任总理。

宪法：1957年颁布《马来亚宪法》；1963年马来西亚成立后继续沿用此法，改其名为《马来西亚联邦宪法》，后多次修订。1993年3月，马来西亚议会通过宪法修正案，取消了各州苏丹的法律豁免权等特权。1994年5月修改宪法，规定最高元首必须接受并根据政府建议执行公务。2005年1月，马来西亚议会再次通过修宪法案，决定将各州的供水事务管理权和文化遗产管理权移交中央政府。2019年7月，马来西亚议会通过宪法修正案，将投票及参选年龄从21岁降至18岁，同时实行自动选民登记制度。这项制度于2022年9月正式落实。

统治者会议：由柔佛、彭亨、雪兰莪、森美兰、霹雳、登嘉楼、吉兰丹、吉打、玻璃市9个州的世袭苏丹和马六甲、槟城、沙捞越、沙巴4个州的非世袭州元首组成。其主要职能是在9个世袭苏丹中轮流选举产生最高元首和副最高元首，审议并颁布国家法律，对全国性的伊斯兰教问题做最终裁决，审议涉及马来族和沙巴、沙捞越等土著民族的特权地位等重大问题。

立法机构：马来西亚的立法机构包含联邦及各州的立法机构。国会是最高立法机构，由上议院和下议院组成。下议院共设议席222个，任期5年，可连任。上议院共70个议席，由全国13个州议会分别选举产生，每个州产生2个议席，其余44个议席由最高元首根据内阁推荐委任，任期3年，可连任两届。

司法机构：马来西亚最高法院于1985年1月1日成立，1994年6月改名为联邦法院，设有马来亚高级法院（负责西马相关事务）和婆罗州高级法院（负责东马相关事务）。上诉法院于1994年成立，是马来西亚的第二级法院，位列马来西亚联邦法院之下。各州设有地方法院和推事庭。另外还有特别法庭和伊斯兰教法庭。

经　济

传统上，马来西亚经济以农业为主，依赖农、林、矿产业等初级产品出口。20世纪70年代以来，马来西亚不断进行经济转型，调整产业结构，大力推行出口导向型经济，电子业、制造业、建筑业和服务业等获得快速发展。同时实施马来民族与原住民优先的"新经济政策"，旨在消除贫困和重整经济结构，以平衡各族之间的经济差异。

20世纪80年代以来，工业已成为马来西亚经济成长的主导。1987年起，马来西亚经济连续10年保持8%以上的高速增长。1991年，马哈蒂尔政府提出"2020宏愿"（Wawasan 2020），以"在2020年成为先进国"作为国家的奋斗目标，重视发展高科技，启动了"多媒体超级走廊""生物谷"等项目。1998年，受亚洲金融危机的冲击，经济出现负增长。政府采取稳定汇率、重组银行企业债务、扩大内需和出口等政策，经济逐步恢复并保持中速增长。2008年下半年以来，受国际金融危机影响，马来西亚国内经济增长放缓，出口量下降，政府为应对危机推出一系列刺激经济的措施。特别是2009年纳吉布总理就任后，采取了多项刺激经济和内需增长的措施，使经济逐步摆脱了金融危机影响。2016年，纳吉布政府提出"2050国家转型计划"（TN50），为马来西亚2020年至2050年发展规划前景。2019年，马哈蒂尔政府提出《2030年共享繁荣愿景》，致力于让马来西亚成为一个各族群、各地区人民的收入和国家财富可持续增长以及公平合理分配的国家。

资源： 马来西亚自然资源丰富。橡胶、棕油和胡椒的产量和出口量居世界前列。曾是世界产锡大国，近年来锡产量逐年减少。石油储量丰富，此外还有铁、金、钨、煤、铝土、锰等矿产。盛产热带硬木。

工业： 马来西亚政府鼓励以本国原料为主的加工工业，重点发展电子、汽车、钢铁、石油化工和纺织品等。2022年，马来西亚制造业领域产值为5394亿林吉特。

矿业： 以石油、天然气和锡矿开采为主。根据《bp世界能源统计年鉴》（2022 第71版），2021年马来西亚石油日产量为573千桶，天然气产量为742亿立方米。

农林渔业： 耕地面积约为485万公顷。农业以经济作物为主，主要有油棕、橡胶、热带水果等。粮食自给率约为70%。盛产热带林木。渔业以近海捕捞为主，近年来深海捕捞和养殖业有所发展。2022年，马来西亚农业产值为1003亿林吉特。

服务业： 范围广泛，包括水、电、交通、通信、批发、零售、饭店、餐饮、金融、保险、不动产及政府部门提供的服务等。20世纪70年代以来，马来西亚政府不断调整产业结构，使服务业得到了迅速发展，成为国民经济发展的支柱性行业之一。就业人数约为535.36万，占全国就业人口的50.76%，是就业人数最多的产业。

旅游业： 旅游业是马来西亚的支柱产业，第二大外汇收入来源。拥有酒店超过4000家。

外国投资： 大力吸引外资，主要外资来源地为日本、欧盟、新加坡、中国、韩国和美国。2021年，马来西亚吸引外国直接投资约2086亿林吉特。

人民生活： 2021年，马来西亚家庭平均可支配收入为每月5209林吉特。

中马关系

政治关系：中马两国于1974年5月31日正式建立外交关系。建交后，两国关系总体发展顺利。1999年，两国签署关于未来双边合作框架的联合声明。2004年，两国领导人就发展中马战略性合作达成共识。2013年，两国建立全面战略伙伴关系。2023年，两国宣布共建中马命运共同体。

中国在马来西亚古晋、哥打基纳巴卢和槟城设有总领馆，马来西亚在中国上海、广州、昆明、南宁、西安和香港设有总领馆。

经贸关系：中马两国签有《避免双重征税协定》《贸易协定》《投资保护协定》《海运协定》《民用航空运输协定》等10余项经贸合作协议。1988年成立双边经贸联委会。2002年4月成立双边商业理事会。2017年，两国签署《关于通过中方"丝绸之路经济带"和"21世纪海上丝绸之路"倡议推动双方经济发展的谅解备忘录》《中国商务部同马来西亚交通部关于基础设施建设领域合作谅解备忘录》。

2022年，中马双边贸易额2036亿美元，同比增长15.3%，其中中国出口937.1亿美元，进口1098.9亿美元。中国连续14年成为马来西亚最大贸易伙伴。中国从马来西亚进口的主要商品有集成电路、计算机及其零部件、棕油和塑料制品等；中国向马来西亚出口的主要商品有计算机及其零部件、集成电路、服装和纺织品等。

中马两国金融合作成效显著。2000年，中国银行和马来亚银行分别在吉隆坡和上海互设分行。2009年2月，中国人民银行与马来西亚国家银行签署了双边货币互换协议。2012年4月，中国人民银行与马来西亚国家银行签署了关于马来西亚国家银行在华设立代表处的协议。2013年10月，马来西亚国家银行在北京设立代表处。2014年11月，两国央行就在吉隆坡建立人民币清算安排签署合作谅解备忘录。2015年4月，中国银行吉隆坡人民币清算行正式启动；11月，中国向马来西亚提供500亿元人民币合格境外机构投资者投资额度。2017年1月，中国建设银行马来西亚子行正式营业。

文化、教育、科技、卫生等交流与合作：中马两国在农业、科技、教育、文化、军事等领域的交流与合作顺利发展。1992年，两国签署《科技合作协定》，成立科技联委会。双方还签署了《广播电视节目合作和交流协定》（1992年）、《促进中马体育交流、提高体育水平的谅解备忘录》（1993年）、《教育交流谅解备忘录》（1997年）等合作协议。2005年，双方签署了《卫生合作谅解备忘录》，并续签了《教育合作谅解备忘录》。2009年，两国签署《高等教育合作谅解备忘录》。2011年，两国签署《关于高等教育学位学历互认协议》。2012年，两国签署《打击跨国犯罪的合作协议》。2015年，两国签署《刑事司法协助条约》《在马来西亚设立中国文化中心的谅解备忘录》。2016年，两国签署《农业合作谅解备忘录》，并续签了《教育合作谅解备忘录》。2018年，两国签署了《跨境会计审计执法合作备忘录》《马来西亚冷冻榴莲输华检验检疫要求的议定书》等。新华社、中新社在吉隆坡设立分社，中央电视台在马来西亚设立记者站，中央电视台4套和9套节目在马来西亚落地，《人民日报》海外版在马来西亚出版发行。马新社在北京设立分社，《星报》在华设立办事处。双方签署了《旅游合作谅解备忘录》。2019年，中马双边往来人数达379.58万，其中中国公民访马241.23万人次，马方来华138.35万人次。中国已连续7年是马来西亚除东盟国家外最大游客来源国。2020年为"中马文化旅游年"，双方商定开展了一系列交流活动。

2015年11月，两国政府签署《关于在马来西亚设立中国文化中心的谅解备忘录》。2020年1月，文化中心正式揭牌运营。

军事交往与合作：1995年，中马两国互设武官处，军事交往增多，两国海军军舰多次互访。2016年11月，两国签署《防务合作谅解备忘录》。2019年4月，马来西亚海军首艘中国制濒海任务舰下水仪式在双柳基地举行；12月，首艘濒海任务舰正式交付马来西亚海军。2021年1月，第二艘濒海任务舰交付马来西亚海军。

"一带一路"参与情况：2017年5月，中马两国签署《关于通过中方"丝绸之路经济带"和"21世纪海上丝绸之路"倡议推动双方经济发展的谅解备忘录》，加强贸易投资、基础设施建设、人文、反恐安全等领域合作。

（**注：**资料来源于中华人民共和国外交部官网、"一带一路"数据库网站等）